LE COMMERCE SPÉCIAL

DE

L'ITALIE

ET

LE TARIF MINIMUM

————— ⊗ —————

Statistiques raisonnées et comparées

PAR

FELICE VIVANTE

————— ⊙ —————

PARIS

GUILLAUMIN ET Cᶦᵉ, ÉDITEURS

De la Collection des principaux Économistes, du Journal des Économistes
du Dictionnaire de l'Économie politique
du Dictionnaire universel du Commerce et de la Navigation, etc.

14, Rue de Richelieu, 14

1894

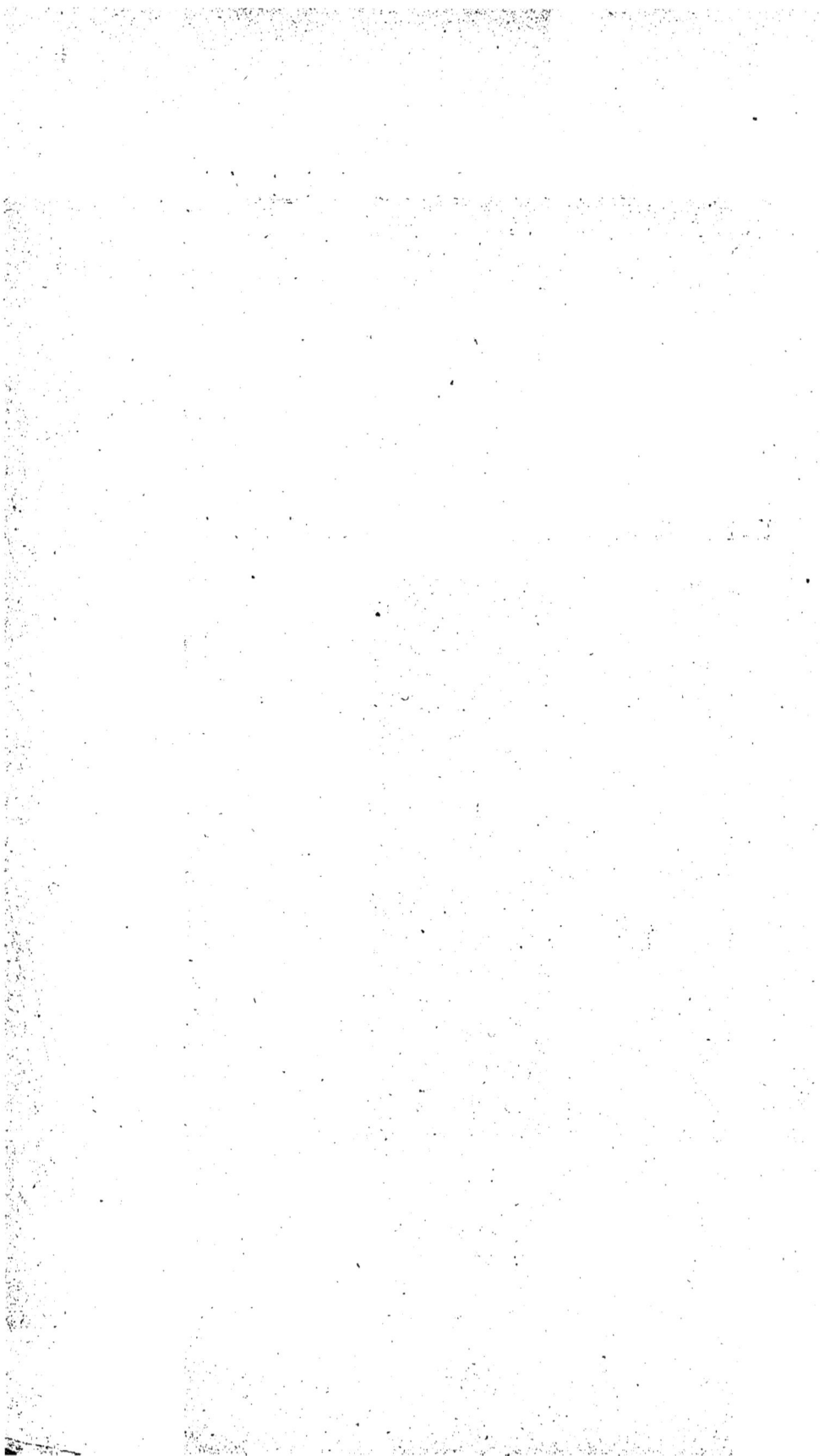

LE COMMERCE SPÉCIAL

DE

L'ITALIE

ET

LE TARIF MINIMUM

———— ⊗ ————

Statistiques raisonnées et comparées

PAR

FELICE VIVANTE

————— ⊕⊖ —————

PARIS

GUILLAUMIN ET Cie, ÉDITEURS

De la Collection des principaux Économistes, du Journal des Économistes
. du Dictionnaire de l'Économie politique
du Dictionnaire universel du Commerce et de la Navigation, etc.

14, Rue de Richelieu, 14

1894

Ⓒ

AVANT-PROPOS

~~~~~~~~

J'ai divisé cette étude en trois chapitres, en disposant les matières, de façon que le premier et le troisième réunissent tout ce qui peut intéresser le lecteur qui ne s'occupe pas des questions techniques concernant le mouvement spécial des échanges.

L'analyse des statistiques est disposée dans le deuxième chapitre, sous la forme de tableaux qui se prêtent à un examen occasionnel des données commerciales et économiques ayant trait à chaque article.

F. V.

A Son Excellence

Monsieur le Commandeur C. Ressmann,

Ambassadeur de Sa Majesté le Roi d'Italie,

à Paris.

MON CHER AMBASSADEUR,

Veuillez agréer, à titre d'hommage affectueux, cette modeste étude, où, à l'occasion d'un examen de nos récentes statistiques commerciales, j'ai été amené, dans la première et dans la dernière partie, à traiter de la question brûlante et délicate de nos relations économiques avec la France.

Il ressort en même temps, des données et des argumentations que j'ai l'honneur de vous soumettre, que la situation économique de notre pays est heureusement loin d'être telle qu'on la suppose à l'étranger.

L'œuvre de réparation, à laquelle nous nous sommes tous voués, se présente sous un double aspect. Elle exige d'abord qu'on ait le courage de reconnaître les erreurs commises, les dommages qu'elles nous ont causés, et les dangers qu'elles nous ont fait courir, d'y parer enfin énergiquement au prix même des plus grands sacrifices. Mais à côté de ce travail du ressort parlementaire, il y en a un autre tout aussi important, dans lequel les patriotes éminents, qui ont l'honneur de nous représenter au dehors, sont appelés à prêter un concours précieux. Ils peuvent aider à relever la confiance en nous-mêmes et surtout à rehausser notre prestige, qui a été si impitoyablement attaqué en dénaturant, d'une façon étrange et parfois même déloyale, la portée d'une crise douloureuse bien que transitoire.

Il est donc utile de constater que nous l'avons déjà surmontée dans ses grandes lignes par l'impulsion de notre travail et de notre production nationale, qui non seulement n'ont pas subi une atteinte profonde, mais ne demandent, dans leur essor croissant, qu'à être appuyés de plus en plus par un gouvernement sage et réparateur.

Il faut qu'on sache à l'étranger que nous sommes parfaitement à même de nous tirer d'affaire sans le secours d'autrui et que les ententes commerciales, que nous avons nouées avec la plupart des nations sur les bases d'une réciprocité amicale, ont déjà produit des résultats appréciables qui mettent notre développement économique à l'abri des surprises.

Toute manifestation dans cet ordre d'idées, même dans le domaine scientifique, me paraît donc devoir être en première ligne soumise à l'appréciation des personnalités qui, par leur mandat et par leur haute compétence, sont les mieux qualifiées pour patronner les intérêts de la patrie.

C'est en même temps dans l'espèce un moyen d'écarter une méprise fâcheuse. Le programme de rapprochement entre la France et l'Italie ne peut pas être chez nous l'apanage d'un parti ou d'une coterie quelconque, puisqu'il correspond aux sentiments de la grande majorité de la nation et en même temps au désir sincère et à la ligne de conduite du gouvernement qui la représente. Et si ces bonnes intentions ne produisent pas de sitôt tous leurs fruits, ce n'est certes pas à nous qu'il faudra en attribuer la faute.

Il m'est enfin particulièrement agréable de rendre un nouveau témoignage d'estime sincère et de sympathie amicale à un concitoyen qui honore non seulement notre grande patrie italienne, mais aussi ma ville natale et auquel je me sens ainsi lié par une communauté de souvenirs inoubliables.

Croyez-moi, mon cher Ambassadeur,

Votre affectueusement dévoué,

F. VIVANTE.

I

Fausses appréciations économiques accréditées en France et en Italie. — Le tarif Méline. — Phases du commerce franco-italien depuis 1886. — Situation actuelle; modifications que le tarif minimum y apporterait.

La reprise des relations commerciales entre la France et l'Italie ne doit plus être considérée comme une chimère, grâce à l'esprit de conciliation qui paraît prévaloir dans les Conseils de deux gouvernements et grâce aussi aux sentiments de deux peuples, qui, à travers de fâcheux malentendus, ont gardé la conscience des souvenirs ineffaçables et des intérêts puissants qui les unissent.

Un examen des statistiques de notre commerce spécial, au point de vue de nos rapports avec la France, présente donc un intérêt d'actualité et pourra contribuer à déblayer le terrain des faux jugements qui ont cours des deux côtés des Alpes.

Dans le domaine des relations économiques, des légendes s'accréditent, contre lesquelles est impuissant le bon vouloir des négociateurs les plus impartiaux et les plus expérimentés. Et ces préjugés sont d'autant plus difficiles à détruire qu'il s'agit de questions qui paraissent accessibles à tout le monde; tout le monde en parle donc, mais en apportant dans la discussion un contingent de passions ou d'intérêts personnels.

Quant aux recherches approfondies, elles portent sur un sujet tellement aride qu'il n'y a guère que les gens du métier qui aient le goût de les faire, en traduisant le résultat de leurs investigations par des tableaux statistiques, très méritoires sans doute, mais fort peu attrayants et souvent insaisissables pour le public. Les chiffres disent tout, mais encore faut-il les faire parler et en faire apprécier la portée sous une forme qui permette de suivre les argumentations techniques sans trop de peine et d'ennui.

Il vient de s'opérer toute une évolution dans l'étude des problèmes économiques, dont l'analyse a une tendance à s'appuyer en première ligne sur la comparaison des chiffres qui nous sont fournis par les bureaux spéciaux et par les documents législatifs et parlementaires.

L'Angleterre est la grande maîtresse en matière de statistiques nationales et comparées, ayant l'avantage de posséder un champ d'observation très vaste et très varié. Mais en France et en Italie ce service administratif et scientifique a été aussi admirablement organisé par des personnes d'une haute compétence auxquelles nous sommes redevables d'une série de travaux, qui jettent une vive lumière sur les grandes questions financières, économiques et sociales.

On est hanté en France par le préjugé que la crise que l'Italie traverse a tari les sources de sa production, que l'essor économique du pays a été brisé par la rupture des relations avec la France, tandis que le dommage que celle-ci a éprouvé est insignifiant et presque négligeable. On suppose donc que le rétablissement des rapports, même sur la base du tarif minimum, serait une grande aubaine pour l'Italie, sans avantage corrélatif pour la France qui se trouverait exposée à un courant d'importation de produits du sol des plus nuisibles à son agriculture.

Or, nous verrons, chiffres en main, que ces appréciations sont fausses ; que la situation économique de l'Italie est saine ; que l'application du tarif minimum ne lui apporterait pas un élément de bien-être décisif et que la France y trouverait tout autant son compte, puisqu'elle reçoit plus de dommages que nous par suite de l'état actuel de nos relations.

Rien d'étonnant qu'une légende opposée se soit formée en Italie. On a forgé, dit-on, deux tarifs empreints d'un esprit protectionniste, qui sont également prohibitifs. Le tarif minimum n'atténue que dans une faible mesure les droits exorbitants du tarif maximum et à deux ou trois articles près, ils se valent, surtout pour ce qui concerne nos exportations. Le rétablissement des relations commerciales avec la France présenterait donc des avantages incontestables au point de vue moral, mais le bénéfice matériel serait presque nul, d'autant plus que les nouveaux débouchés, que nous nous sommes ouverts, nous indemnisent de la perte subie par la fermeture du marché français.

Cette argumentation est tout aussi inexacte.

Nous croyons d'abord que dans les rapports internationaux les bases de la tarification des différents pays n'ont qu'une valeur relative. Il s'agit surtout de ne pas se trouver en état d'infériorité et de pouvoir concourir sur chaque marché aux mêmes conditions que les nations rivales. Ce point une fois acquis, la libre concurrence se développe avec toutes ses conséquences heureuses, même quand les droits d'entrée sont relativement onéreux. C'est surtout le cas pour nous, qui possédons dans cette lutte un double élément de succès : le bas prix de revient de nos produits et la dépréciation de notre monnaie nationale, qui fonctionne comme droit protecteur d'un côté et comme prime d'exportation de l'autre.

Dans ces derniers dix ans, nos industries à tous leurs différents échelons ont pris d'ailleurs un essor remarquable, et nous exportons actuellement des produits industriels plus ou moins rudimentaires, que nous étions jadis obligés d'importer. Le résultat d'une modification de tarif doit donc être apprécié, non-seulement au point de vue des matières premières que la France achète chez nous, mais aussi à celui de l'extension de nos échanges en produits fabriqués ou demi-ouvrés. Il y a là un nouvel accroissement en perspective, dont nos statistiques présentent déjà les indices et qui n'attend des circonstances qu'une impulsion pour se développer. Il suffira que l'attention de la France se tourne de nouveau vers l'Italie, comme envers un pays avec lequel on est en bons termes et avec qui on désire négocier. L'adoption du tarif minimum deviendrait sans doute le point de départ de cette nouvelle direction des esprits.

Les tarifs de M. Méline sont-ils d'ailleurs aussi détestables qu'on se plaît à le dire et ne valent-ils pas mieux que la réputation qu'on leur a faite? Ils portent avant tout l'empreinte d'un esprit lucide, d'une compétence de premier ordre et d'une pensée dirigeante, dont on peut discuter la valeur réelle, mais où il faut reconnaître un sentiment patriotique et élevé. Ils ont ensuite le grand mérite d'être clairs et simples, en écartant même dans la classification des objets fabriqués les complications superflues et les distinctions trop minutieuses. On n'est pas obligé d'avoir constamment à ses trousses un corps technique d'ingénieurs, d'industriels et de chimistes pour les interpréter et les appliquer, ce qui évite une série d'inconvénients et de malentendus, qui entravent les échanges et qui, somme toute, ne profitent guère au fisc. Ils fournissent enfin des données précises, sur lesquelles on peut tabler comme point de départ de toute négociation et en même temps des limites légales infranchissables (sauf dans des cas exceptionnels et dans une mesure restreinte). Ils suppriment ainsi ces débats dans le vague, au milieu desquels les négociateurs les plus habiles s'égarent. Ils excluent également ce système qui convie les différents pays à entrer en concurrence pour obtenir des avantages spéciaux qui se répercutent ensuite d'une façon incalculable sur les relations établies avec d'autres nations.

Les grandes lignes de la tarification de M. Méline peuvent se résumer ainsi : tous les produits de l'élevage, c'est-à-dire les produits animaux, du haut au bas de l'échelle et les produits végétaux de première nécessité sont frappés de droits d'entrée franchement prohibitifs, qui ne varient pas au tarif minimum. En protégeant ainsi l'agriculture, on protège en même temps, au point de vue économique, l'indépendance nationale, qui, étant donné la situation topographique de la France, exige jusqu'à un certain point que le pays puisse en toutes éventualités se suffire avec ses propres ressources et tirer de son territoire les éléments nécessaires à son alimentation.

Il y là une pensée de défense, qui n'est certes dénuée ni de prudence, ni de prévoyance.

Les matières premières et tous les articles en général qui servent à l'industrie française, sont exempts aux deux tarifs. C'est une protection de bon aloi qui ne lèse pas les intérêts d'autrui.

Pour tous les autres articles, qui n'appartiennent pas à ces deux catégories, le tarif minimum consent des rabais de 20 à 50 0|0 (35 0|0 environ en moyenne et dans la plupart des cas), sur un tarif maximum, qui, tout compte fait, n'est pas plus prohibitif que les tarifs autonomes des autres Etats. Voilà les vues d'ensemble, à l'aide desquelles nous allons aborder l'examen de nos statistiques et constater les avantages modestes, mais point négligeables, que l'Italie pourrait tirer de l'adoption du tarif minimum.

La Chambre de commerce italienne de Paris a publié sous le titre de « *France et Italie. Leur commerce d'autrefois et celui d'aujourd'hui* », des tableaux statistiques qui nous présentent les vicissitudes des relations commerciales franco-italiennes depuis 1876.

Nos exportations avaient déjà, avant la rupture du traité,

baissé de 25 0|0, car de................. Fr.   415.434.000
chiffre de 1876, on était descendu en
1887 à........................... Fr.   307.709.000
   En 1888, on tombe d'emblée à........... 181.000.000
   Et en 1893, on revient à 148.006.000
après être descendu en 1890 jusqu'à..... 121.877.000

Sous le régime des droits différentiels, véritables tarifs de guerre, nos exportations étaient tombées dans l'espace de trois ans de 62 0|0 et elles se relèvent depuis l'application des tarifs Méline, en février 1891. Nos échanges ont donc été atteints, d'abord par des circonstances économiques d'un ordre général et ensuite par des dispositions législatives qui ne reposent qu'en partie sur l'état de nos relations et qu'on ne peut conséquemment atténuer que dans une certaine mesure.

Le changement survenu dans les rapports de la production agricole et industrielle des deux pays est une cause permanente de diminution, dont il ne faut pas trop se plaindre, car elle est le résultat d'un progrès qui s'est opéré d'un côté et de l'autre.

Quelles que soient d'ailleurs nos relations politiques avec la France, elle ne modifiera pas à notre intention les bases de son système douanier, qui frappe par des droits élevés invariables quelques-unes des principales branches de notre exportation.

Il y a donc aussi de ce chef une perte qu'il faut considérer comme définitive et nous allons la constater de suite en passant en revue les produits de la première classe, pour lesquels le tarif minimum est maintenu au même niveau que le tarif maximum.

II

Analyse comparative des statistiques du commerce spécial de l'Italie, en partageant les produits suivant la triple classification des tarifs français, savoir : 1° Produits frappés d'un tarif unique; 2° produits exempts aux deux tarifs; 3° produits soumis au double tarif.

Viennent en première ligne les *animaux vivants*.

Nous avions exporté en 1886, à destination de France, pour une somme de...... Fr. 20.559.000

En 1887 on était déjà tombé à.............. 11.855.000

et par une échelle descendante qui s'est accentuée surtout après 1891, nous sommes arrivés l'année dernière au bas chiffre de Fr. 408.000

Pour les *bœufs* et les *veaux*, les débouchés que nous nous sommes ouverts en Autriche et en Suisse ont comblé le vide ; mais pour les autres catégories de bétail, notre exportation n'a presque pas augmenté.

Il n'y a progrès sensible que pour la *voaille*. Nous avons exporté en 1890 Quintaux. 56.268

et en 1893 — 74.533

C'est l'Allemagne et la Suisse qui ont apporté le plus gros contingent à cette amélioration, mais la France aussi a importé Quintaux. 28.217

au lieu de................. — 22.451

et figure encore en tête de ligne avec Quintaux. 5.000

de plus que l'Allemagne.

Cet écart en faveur de la France se maintient dans le premier semestre de 1894 qui présente une augmentation totale de Quint. 8.900

sur la période correspondante de l'année dernière.

Sur............. Quintaux. 39.492

il y en a............................. 14.900

qui ont été expédiés en France, contre..... 12.022
à destination d'Allemagne.

Les *viandes fraîches* ont eu à subir le même sort.

En 1887, nous avons exporté en France
pour.......... .... Fr. 3.013.000
et l'année dernière seulement pour...... — 121.000

Nous avons enfin les *soies ouvrées ou moulinées* qui sont
frappées d'un droit d'entrée de Fr. 300 par 100 kilos aux deux
tarifs.

Notre exportation est tombée de.... Fr. 35.700.000
en 1887 à............................ — 4.106.000
en 1893.

Voilà les principaux articles pour lesquels les nouveaux tarifs
viennent de nous atteindre d'une façon irréparable.

La France a toutefois, même dans cette catégorie, contribué
pour deux articles au développement remarquable de notre
exportation. C'est que le législateur ne peut fausser les lois
naturelles que jusqu'à une certaine limite.

Nous avons exporté en 1889, seulement
Tonneaux. 1.632
de *riz* dont................................ 107
en France (la 16ᵉ partie de notre mince exportation totale). En 1893, celle-ci a atteint
le chiffre de................. Tonneaux. 33.348
dans lesquels la France est comprise pour.. 4.228
c'est-à-dire le 1/9ᵉ.

L'Autriche a pris dans ce développement
une part encore plus large, car de..........
Tonneaux. 869
on arrive au chiffre de.................... 11.906

Dans le premier semestre de 1894, le progrès continue. Notre exportation s'élève à..
Tonneaux. 18.023
contre.................................... 16.052
que nous avons exportés dans la même période
de l'année précédente.

Et pour la France.......... ·Tonneaux. 2.528
contre................................... 1.995

Pour le *Son* l'augmentation mérite d'être
notée, malgré qu'il s'agisse d'une marchandise très pauvre. De............ Quintaux. 5.462

chiffre de notre exportation en 1889, on monte à..............................		230.651
en 1893.		
La France qui figurait pour...	Quintaux	3.323
se trouve inscrite pour............	—	44.360
L'Allemagne passe de.........	—	768
à....................................	—	34.675
et la Suisse de................	—	672
à....................................	—	124.208
Dans le premier semestre de 1894, ce progrès s'accentue encore :	Quintaux.	55.605
contre................................		43.654
en 1893................................		
Et pour la France...........	Quintaux.	15.016
au lieu de............................		10.838

Il résulte de ces comparaisons que malgré les deux exceptions susmentionnées, le montant de nos exportations, à destination de France, a diminué pour cette première catégorie de produits, d'environ......... Fr.   45.000.000
gros chiffre auquel le tarif minimum n'apporterait aucune atténuation.

Aussi pour les articles de la 2me *classe* le changement de régime ne pourrait exercer sur nos échanges qu'une influence indirecte. Il s'agit de produits, qui, dans l'intérêt de l'industrie française, sont exempts aux deux tarifs et pour lesquels notre exportation, à quelques rares exceptions près, est déjà en progrès sensible.

Il y a sans doute une tendance qui repose sur des principes économiques élémentaires : on achète de préférence à celui à qui on peut vendre d'autres marchandises, sur lesquelles on réalise un profit (les produits se payent par des produits).

Nous bénéficierons donc pour ce groupe des conséquences indirectes de l'amélioration générale de nos relations avec la France ; voilà tout.

Passons maintenant à l'analyse des principaux articles :

1° Pour les *soies grèges et écrues*, notre exportation a été en 1886 de .... Fr.   29.478.000

Ce chiffre a baissé graduellement et il est tombé en 1890 à...................... Fr. 19.501.000

Les nouveaux tarifs ont exercé évidemment sur les articles de la 2ᵐᵉ catégorie une influence opposée à celle que nous avons constatée pour les produits de la première. C'est ainsi que nous revenons rapidement en 1893 au point de départ................... Fr. 28.536.000

Les statistiques *ad valorem* ne correspondent cependant pas au véritable mouvement des échanges, surtout pour des marchandises soumises à d'importantes fluctuations de prix, comme les soies. C'est ainsi qu'en 1893 la valeur totale de nos envois a été de. Fr. 5.000.000 supérieure à celle de l'année précédente, malgré que la quantité ait été inférieure de Quintaux. 2.100

Dans le premier semestre de 1894, il y a un nouveau progrès ; .... Quintaux. 4.563

contre.... .... » 3.532

en 1893, ce qui représente suivant les statistiques françaises une plus-value d'environ Fr. 3.500.000

Pour ces articles comme pour bien d'autres nous sommes donc en train de dépasser dans une large mesure les résultats déjà satisfaisants de l'année dernière.

Cette constatation est dans l'espèce d'autant plus significative, que nous avons à lutter de plus en plus avec la double concurrence de l'Indo-Chine et du développement de la culture du ver à soie dans le midi de la France ; que nous avons augmenté notre exportation avec d'autres contrées ; que nous avons enfin considérablement développé notre industrie textile et que nous utilisons ainsi chez nous la matière première dans des proportions beaucoup plus importantes.

Voilà une série de circonstances qui nous expliquent en même temps la décroissance de nos envois à destination de France pour les *bourres et frisons de soie.*

Par une échelle descendante nous tombons de .... Fr. 8.491.000

montant de nos exportations sur cet article en 1887, à.......................... Fr. 5.175.000

chiffre de l'année 1893. Mais ce n'est là qu'une

exception, puisque pour tous les autres produits exempts de droits, nous nous trouvons en présence de statistiques favorables.

Pour les *peaux brutes*, nos importations dépassent considérablement les exportations. Nous avons importé en 1893...... Quintaux 189.798 savoir .... 9.000 de plus que l'année précédente.

Cette augmentation repose, toutefois, exclusivement sur la plus grande quantité de marchandises que nous avons retirées de l'Amérique du Sud, par suite de l'énorme dépréciation du change dans la République Argentine et au Brésil, et du développement de nos rapports avec ces contrées.

Nos importations européennes, par contre, ont baissé et nos exportations ont augmenté.

Nous venons donc de jouer un rôle profitable et purement commercial comme intermédiaires, et la balance totale penche comme solde en notre faveur.

On a, en effet, exporté en 1893.. Quintaux. 79.616 contre........................ — 67.112 en 1892. Et pour le premier semestre 1894, nous sommes en nouvelle avance.. Quintaux 41.818 contre......... .... 41.622 en 1893.

L'Angleterre, qui avait déjà contribué pour une large part à l'augmentation de l'année dernière, en passant de........... Quintaux 26.194 à........................ .... 36.102 se présente en nouveau progrès pour le premier semestre 1894.

L'exportation pour la France, qui avait été en 1893 de... .... Quintaux 7.992 en augmentation de........................ 800 sur l'année précédente, s'élève, pour le premier semestre 1894, à................. Quintaux 5.690 contre............................ — 5.449 en 1893.

Comme chiffre d'affaires, nous allons ainsi revenir, dans l'année courante, au point de départ, c'est-à-dire au montant de nos exportations en 1887, qui a été de.............. Fr. 5.604 000

Le *chanvre brut, teillé et étouppé*, est aussi exempt de droits.

Notre exportation pour la France, qui n'avait
atteint, en 1886, qu'environ............ Fr.   4.000.000
s'était élevée en 1887 à....................   5.440.000

Après une période d'arrêt, elle vient de faire
un bond considérable, en passant de..... Fr.   4.814.000
chiffre de l'année 1892, à................ —   6.261.000
en 1893.

Sur une exportation totale de........ Quint.   350.536
nous avons expédié l'année dernière en France   85.547
contre...................................   73.791
dans l'année précédente, chiffre qui n'est
inférieur qu'à celui de l'Angleterre, qui y
figure pour.................... Quintaux   91.626

L'Allemagne, par contre, tombe d'emblée
du premier au troisième rang, puisque de
                Quintaux   104.518
elle descend en 1893 à....................   79.318

Cette comparaison devient encore plus
frappante, si nous remontons à l'année 1890,
dans laquelle la France n'avait importé
d'Italie que.................... Quintaux   59.074
et l'Allemagne................. —   105.906

Les proportions se trouvent renversées.

Dans le premier semestre 1894, nous conservons intégralement l'avance acquise, grâce
à la France, qui achète ce que nous avons
vendu en moins à l'Angleterre, savoir
                Quintaux   45.270
au lieu de............................ —   32.842

4° L'exportation du *sumac* (qui est, comme toutes les teintu-
res, exempt de droits), est aussi en progrès.

On a exporté en France, en 1883, pour Fr.   2.627.000
et en 1893, pour............................   3.251.000

Dans le premier semestre de l'année courante, les statistiques françaises nous signa-
lent une nouvelle augmentation de........ Fr.   580 000

5° Mais c'est surtout pour les *soufres non épurés* que notre
exportation a augmenté rapidement. Elle a presque doublé
depuis 1888.

Nous avons exporté en France, en 1887,
pour...Fr. 5.390.000
et en 1893 pour....................................... 9.266.000
valeur correspondant à...........Quintaux 917.221
contre.. 714.238
que nous avons exportés en 1892.

Pendant cette même période notre exportation à destination d'Angleterre et d'Allemagne est restée presque stationnaire.
Elle ne s'élève pour ce dernier pays
qu'à............................... Quintaux 175.316

Dans le premier semestre de l'année courante, notre exportation totale est tombée à
Quintaux 1 631.147
contre.... ... . 1.937.292
en 1893.

Mais comme tous les pays y participent dans des proportions à peu près identiques, il y a là évidemment une cause générale et transitoire qu'il faut rechercher dans la situation passagère de la Sicile.

Le tableau des exportations de cette deuxième classe d'articles, pour lesquels notre commerce avec la France n'a pas été enrayé par une tarification factice, nous indique le courant réel qu'il serait appelé à suivre en prenant de préférence la voie du Mont-Cenis.

———

Nous arrivons à la *troisième classe*, c'est-à-dire à celle des articles qui sont plus ou moins favorisés par le tarif minimum et pour lesquels le changement de régime nous ménagerait des surprises agréables.

Vins en Tonneaux. — Notre exportation pour la France qui s'était élevée en 1886 à ....Fr. 49.681.000
et en 1887 à 97.304.000
est tombée en 1891 à...................... 947.000

La rupture des relations franco-espagnoles a produit en 1892 une augmentation transitoire.

Nous avons exporté pour.............Fr. 10.757.000
mais en 1893 l'on revient déjà à............. 4.441.000
et dans le premier semestre de l'année cou-

rante nous voilà tombés à.......Hectolitres	24.925
contre.	71.265
en 1893.	

Mais pendant les premiers mois de l'année dernière l'Espagne était encore soumise au régime du tarif maximum ; nos exportations ont donc été favorisées par cette circonstance et le chiffre total de l'année 1893, qui n'a été que de..................Hectolitres 90.655 nous en fournit la preuve.

Il faut donc prendre plutôt comme terme de comparaison le montant de notre exportation dans le premier semestre de 1891, qui a été de ....Hectolitres 8.361 et conséquemment inférieur à celui de l'année courante. Les prix actuels sont cependant si bas que la valeur de notre exportation en 1894 ne dépassera guère le chiffre minimum auquel elle était tombée en 1891. Voilà la situation pour ce qui concerne la France, mais ce vide considérable a été en grande partie comblé.

Notre exportation totale était descendue en 1890 à..................... Hectolitres 904.327 C'est notre plus mauvaise année.

En 1892, nous revenons déjà au chiffre de notre meilleure période ....Hectolitres 2.417.166 Et en 1893, quoique nos envois à destination de France aient diminué encore de Hectolitres 200.000 nous conservons presque intégralement l'avance acquise puisque nos exportations s'élèvent à ....Hectolitres 2.328.993 Certes, que dans les premiers six mois de l'année courante on constate une diminution sensible.....................Hectolitres 931.781 contre....................................... 1.359.530 en 1893. On retombe ainsi au chiffre du premier semestre de 1892, qui a été cependant notre meilleure année. Mais nous ne pouvons pas compter sur des circonstances favorables analogues pour relever notre exportation dans le deuxième semestre. La surproduction et la mévente qui s'en est suivie sont telles qu'il faudrait une récolte bien mauvaise, rien que pour rétablir l'équilibre.

En 1892 le courant était diamétralement opposé : nous commencions alors à ressentir les bénéfices du traité de commerce avec l'Autriche, par suite duquel celle-ci a pris la place de la France, en important..Hectolitres 626.673

contre...................................... 30.221

qu'elle nous avait achetés l'année précédente, et en 1893 ce chiffre augmente encore de 50 0/0 et s'élève à..............Hectolitres 969.444

La Suisse qui était déjà entrée dans la même voie, en participant en 1891 à notre exportation pour..............Hectolitres 445.440

contre......... .... 273.955

qu'elle avait importés en 1890, était en nouveau progrès, car c'est précisément dans l'année 1892 qu'elle a importé le chiffre maximum de...................Hectolitres 533.898

Notre traité avec l'Allemagne a donné par contre pour cet article de minces résultats. De....................... ....Hectolitres 147.531

nous passons en 1892 à................... 260.456

mais on retombe déjà en 1893 à........... 160.793

Nos exportations pour l'Angleterre sont stationnaires, tandis qu'elles sont en progrès sensible pour l'Amérique du Nord et du Sud.

Cette analyse suffira pour dissiper un préjugé fort répandu en France à l'égard de notre exportation vinicole. On suppose à tort que nous avons été profondément atteints par la fermeture du marché français. Il résulte au contraire des comparaisons susdites, que la crise n'a été que transitoire et que nous l'avons rapidement surmontée, autant que les conditions générales le comportaient.

La quantité de la marchandise est en réalité dans l'espèce un facteur secondaire; c'est le prix qui a une influence prépondérante, car il est tombé d'environ 60 0/0. On obtient à peine de 10 à 15 francs l'hectolitre pour des vins qu'on vendait jadis à 30 et même 40 francs. Mais ce déplacement n'a rien à voir avec nos relations commerciales. En France, la production est comme chez nous, plus que doublée, et elle est considérablement augmentée en Espagne, de façon que les trois pays latins à eux seuls produisent presque autant de vin que le monde entier peut en consommer. Aucun changement de tarif ne saurait supprimer les conséquences fâcheuses de cette situation anormale et rehausser la valeur d'une marchandise qu'on n'arrive plus à écouler qu'en forçant la note, c'est-à-dire en la mettant par l'abaissement progressif du prix à la portée de tout le monde. La France donc ne peut rien faire pour nous soulager, et nous ne pouvons rien faire pour elle, et toute réduction de tarif ne modifierait que dans des proportions insignifiantes l'importance de nos envois à destination de France, comme nous allons le constater.

Le tarif maximum frappe les vins provenant de la fermentation des raisins frais d'un droit de 1 fr. 20 par hectolitre et par degré d'alcool jusqu'à 10° 9/10. Ce droit est réduit à 70 centimes au tarif minimum. L'Italie pourrait donc concourir avec l'Espagne, voilà tout! puisque la préférence qu'on donne aux vins italiens à conditions égales est un élément de supériorité qui a son contrepoids dans la grosse prime d'exportation que le change de 122 assure aux vins espagnols.

Il ne faut pas oublier que les chiffres élevés de nos exportations correspondent à la période dans laquelle les vins italiens n'étaient frappés que d'un droit unique de 3 francs l'hectolitre jusqu'à 15° d'alcool inclusivement, droit qui, par suite du traité franco-espagnol dont nous avons bénéficié, s'est trouvé réduit à 2 francs seulement. Et ce régime exceptionnellement favorable a coïncidé par hasard avec les récoltes désastreuses causées par le phylloxera. Les vignobles ont été depuis reconstitués à grands frais dans tout le Sud-Ouest de la France qui, sauf des cas exceptionnels, n'a plus ainsi à demander de vins à la production étrangère. A quoi bon? Il y a dans les provinces limitrophes aux Pyrénées des vins à 13 et 14° qu'on peut obtenir à des prix qui ne sont guère supérieurs à ceux qui se pratiquent en Espagne ou en Italie et qui n'ont pas à supporter la majoration d'un droit d'entrée, qui, tout réduit qu'il soit au tarif minimum, est encore exorbitant et devient tout à fait écrasant dès qu'on dépasse le 11e degré d'alcool. Le tarif de 2 francs enfin frappait jadis un produit qu'on payait 30 francs, andis que les 7 francs de droit d'entrée pour des vins à 10° représentent actuellement une aggravation de 70 0|0 sur le prix coûtant qui, en tenant compte des frais de transport, se trouve ainsi doublé.

Même les protectionnistes à outrance n'ont donc plus à se préoccuper de la concurrence que le tarif minimum appliqué à l'Italie peut créer à la viticulture française. On aura à choisir entre les produits italiens et les produits espagnols pour cette quantité minime de vins de coupage qu'on importe quand même de l'étranger, en l'obtenant ainsi à de meilleures conditions de qualité et de prix et on s'ouvrira par contre de nouveau, pour les vins de choix, le débouché du marché italien.

La question est devenue ainsi tout à fait secondaire pour la France et pour l'Italie, mais le développement fort restreint des échanges, qui résulterait de l'application du tarif minimum, profiterait, somme toute, plutôt à l'industrie et au commerce français.

L'huile d'olives est un de nos principaux articles d'exportation dans le monde entier.

Les statistiques du 1er semestre de 1894 font ressortir une augmentation considérable : .... Quintaux   392.732
contre....................................   241.417
en 1893, et............................ ....   336.637
en 1892, notre meilleure année dans laquelle
nous avions atteint pour les douze mois le
beau chiffre de................ Quintaux   574.076

La France joue le premier rôle dans cet
accroissement. Elle a importé.., Quintaux   107.640
contre.....................................   64.497
dans les premiers six mois de 1893 et.......   76.815
dans la même période de 1892.

Si ce progrès se maintient, on reviendra
donc pour la fin de l'année courante à un
chiffre d'affaires équivalant à celui de notre
exportation en 1888, qui avait été de... Fr.   11.019.000
en regagnant ainsi le terrain perdu jusqu'à
1893, année dans laquelle nous avons exporté
pour une valeur de................... Fr.   5 860.000

Les statistiques françaises confirment
cette appréciation : on aurait importé d'Italie
jusqu'à fin juin pour................. Fr.   4.811.000
au lieu de .... Fr.   2.570.000

savoir le double environ. Et il faut noter qu'il s'agit d'une matière première pour laquelle les statistiques *ad valorem* qui se ressentent de la baisse considérable du prix, ne correspondent pas aux fluctuations des échanges.

C'est en 1890 que notre exportation était tombée au plus bas comme quantité, savoir.

	Quintaux	86.188
mais elle représentait alors comme valeur Fr.		6.858.000
c'est-à-dire........................ ..		1.000.000
de plus que la valeur actuelle des Quintaux		103.294

que la France a importés en 1893.

L'application du tarif minimum donnerait sans doute une impulsion sérieuse à cette branche d'exportation qui est déjà en progrès sensible, car le droit d'entrée est réduit de 15 francs à 10 francs les 100 kilogr. On reviendrait donc, malgré les bas prix, au montant de notre exportation en 1886 qui a été .... Fr. 17.500.000

Le tarif minimum apporte en outre un allégement considérable sur toutes les essences parmi lesquelles il y en a une qui occupe une bonne place dans les tableaux de nos exportations : c'est l'*essence d'oranges*. Son exportation totale qui s'est élevée en 1892 à

	Kilogr.	350.405
a atteint en 1893 le chiffre de........ »		389.101

en suivant dans ces deux dernières années pour la France, une marche ascendante plus rapide que pour tous les autres pays. La France a importé en 1893.......... Kilogr. 67.870
contre......................... 49.860
en 1890.............................

L'Autriche ne dépasse le chiffre de l'importation française que de............Kilogr. 10.000
tandis que l'Angleterre et l'Amérique du Nord viennent en première ligne, chacune avec... 100.000

L'Allemagne n'est représentée que par

Kilogr. 12.155

C'est encore la France qui, après l'Angleterre, contribue dans la plus large mesure au nouveau progrès que nous constatons dans l'exportation totale du 1ᵉʳ semestre de l'année courante (qui est de................ Kilogr. 382.963
contre...................................... 231.681
en 1893), puisqu'elle a importé..... Kilogr. 56.578
contre...................................... 30.358

Le tarif minimum réduisant de moitié le droit d'entrée (50 francs au lieu de 100 francs les 100 kilogr.), l'exportation pour la France atteindrait facilement le même niveau que celle pour l'Angleterre qui s'est élevée à Kil. 108.282
dans le premier semestre de 1894.

Voilà une des ressources secondaires dont nous parlions plus haut, mais ce n'est pas tout.

Nous exportons aussi du *jus d'oranges*.

En 1890, notre exportation était de Quintaux. 34.741
dans lesquels l'Angleterre figurait en première ligne pour.......................... 21.094
et la France en deuxième, pour............ 7.852

En 1893, notre exportation s'est élevée à Quintaux. 45.245
mais l'Angleterre n'a gagné que... — 2.000
la France, par contre............. — 5.000

Dans le premier semestre de l'année courante ce progrès s'accentue. Notre exportation totale est de............ Quintaux. 38.915
contre...................................... 29.831

Cette impulsion est due surtout à l'Angleterre qui nous a acheté......... Quintaux. 26.586
contre...................................... 18.701
mais la France vient ensuite avec.......... 6.045
contre...................................... 5.116

Or, le jus d'oranges paye les mêmes droits que le vin et bénéficie conséquemment du même rabais au tarif minimum.

Nous ne mentionnons que pour mémoire l'abaissement des droits d'entrée de 12 à 10 francs les 100 kilogs sur les *jus de réglisse* et autres, ces articles étant pour nous tout à fait secondaires.

Pour les *bois et racines propres à la teinture et au tannage* le droit d'entrée est de 1 franc au lieu de 1 fr. 50 les 100 kilogr. La France a déjà reconquis pour ce produit, le premier rang, en suivant une ligne ascendante, qui va de pair avec une marche rétrograde de nos envois à destination d'Allemagne.

En 1890, l'Angleterre avait importé

	Quintaux.	
		140.160
la France...................		120.337
et l'Allemagne..............		42.852
En 1893, l'Angleterre importe...........		150.973
la France...................		150.690
et l'Allemagne seulement....		27.508

Dans le premier semestre 1894, il y a une diminution sensible dans notre exportation

totale........................ Quintaux.	155.144
contre.......................................	227.634

en 1893.

C'est l'exportation pour l'Angleterre qui

descend de.................... Quintaux.	86.927
à..	48.356

en tombant ainsi presque au niveau de celle de la France qui n'est en perte que de

	Quintaux.	
		13.200
savoir......................................		44.828
au lieu de..................................		58.020

Pour *le chanvre peigné*, la France est notre principal débouché.

Notre exportation totale était descendue

l'année dernière à................Quintaux	26.689
contre.....................................	29.321
en 1892 ; et pour la France.................	12.894
contre.....................................	16.175

Mais, dans le premier semestre de 1894, les résultats dépassent ceux de toutes les années précédentes, car nous avons exporté

	Quintaux	
		16.237
contre....................................		11.469

en 1893. Cette augmentation vient presque exclusivement de la France qui nous a

acheté........................Quintaux	8.768
au lieu de.................................	4.977

Nous n'exportons rien en Allemagne et fort peu en Autriche et en Angleterre.

10 francs de droit d'entrée au lieu de 15 francs représentent un rabais qui exercerait dans les circonstances susdites une influence décisive.

Parmi les produits demi-ouvrés de la même catégorie, il y a encore deux articles secondaires.

Nous avons exporté en 1893.....Quintaux   15.478 de *cordages*, contre......................   20.737 en 1892.

L'Amérique méridionale et l'Autriche sont nos deux principaux clients. La France ne figure que pour.......Quintaux   880 C'est insignifiant, mais le tarif minimum apporte une atténuation de 20 0/0 sur les droits d'entrée.

Pour les *fils de chanvre et de lin*, notre exportation en 1890 a été de......Quintaux   32.233 contre................................   28.299 en 1892. L'Angleterre en absorbe la moitié; le reste se répartit entre l'Allemagne, l'Autriche, la Belgique et les autres pays. L'exportation pour la France a presque cessé. Elle est tombée de...............Quintaux   3.542 chiffre de l'année 1890 à.......... »   392 en 1893. Mais le tarif minimum étant de 25 0/0 inférieur au tarif maximum il y aurait une reprise à espérer.

Nous disions qu'en dehors des produits demi-ouvrés, il y a aussi des objets fabriqués pour lesquels le tarif minimum pourrait nous ouvrir le marché français.

Les *tissus de laine* ont presque cessé d'être pour nous un article d'importation. C'est l'Allemagne qui nous envoie pour des quantités fort réduites ce que nous retirions jadis de France tandis que nous n'importons d'Angleterre que des étoffes de choix.

Nous exportons par contre, surtout dans l'Amérique méridionale, des draperies qui peuvent concourir avec les tissus anglais ordinaires comme qualité et comme prix de revient. Si nous n'avions à payer que 140 francs de droits d'entrée au lieu de 210 francs pour 100 kilogr., en concédant à la France notre tarif conventionnel, il en résulterait pour cet article un échange de produits avantageux pour les deux pays.

Passons aux *soieries*.

Le tarif minimum comporte un rabais de 25 0/0 sur les *fils de soie à coudre écrus* : 300 au lieu de 400 francs les 100 kilogr., et de 33 1/3 0/0 sur les *fils de soie à coudre teints* : 400 francs au lieu de 600 les 100 kilogr. Voilà encore des articles demi-ouvrés, dont la production dépasse la consommation intérieure et pour lesquels la France est presque le seul débouché de notre exportation naissante.

Pour les *tissus de soie*, nos statistiques sont excellentes.

Nous avons exporté en 1893......Kilogr.	287 937
contre..	275.606
en 1892, et......................................	222.728
en 1889, tandis que notre importation qui en 1889 était de......................Kilogr.	235.608
est tombée progressivement jusqu'à........	173.474
Les résultats du premier semestre de l'année courante sont encore meilleurs, car notre exportation est en grand progrès. Kil.	158.825
contre..	125.566
en 1893 et notre importation en diminution sensible......................Kilogr.	65.543
contre..	82.720
On peut donc compter que l'exportation dépassera en 1894 les......................Kilogr.	300.000

et que l'importation tombera au-dessous de la moitié de ce chiffre.

L'Autriche a plus que doublé ses achats dans les derniers trois ans. Il y a augmentation remarquable dans nos envois pour l'Angleterre et l'Amérique du Nord, et surtout pour la Suisse qui a importé l'année dernière......................Kilogr.　128.227

La rupture des relations commerciales franco-suisses a favorisé ce courant, puisque dans le premier semestre 1894 nous avons fourni à la Suisse............Kilogr.　60.379
au lieu de.......................................　47.645
en 1893.

L'Allemagne par contre n'a pris qu'une part fort restreinte

au développement de nos exportations, tandis qu'elle est arrivée à occuper une bonne deuxième place dans le tableau de nos importations.

En 1893 nous avons importé......Kilogr.   75.452
de France et..............................   63.759
d'Allemagne.

Nous ne devons pas compter pour les soieries sur la clientèle française et c'est déjà fort beau que nous arrivions à faire concurrence à notre puissant voisin sur les autres marchés. Toutefois, nos exportations pour la France sont en progrès..........Kilogr.   4.481
en 1893 contre............................   2.269
en 1892. Un rabais d'environ 20 0/0 dans les droits d'entrée favoriserait sans doute l'exportation de nos soies unies qui rivalisent comme qualité avec celles de fabrication lyonnaise et dont le prix de revient est bien inférieur. Si nous devions même consentir quelques facilités sur notre tarif conventionnel, notre industrie ne s'en resentirait pas, car la France en profiterait seulement pour l'exportation de ses incomparables étoffes de luxe à dessins compliqués, qui exigent un outillage que nous ne posséderons de longtemps.

Venons aux *bois et à la paille*.

Note exportation de *charbon de bois* à baissé l'année dernière à.......... Tonnes   34.994
contre 41.146
en 1892. Elle est malgré cela de 50 0|0 supérieure à notre importation qui s'élève à
Tonnes.....   21.714

Nous importons surtout d'Autriche et en proportion bien moindre de la Suisse, tandis que les 2/3 de notre exportation sont absorbés par l'Espagne et 1/5 par Malte. Il n'y a en dehors de cela que la France, où en 1893 nous avons exporté .... Tonnes   1.080
le triple de l'année précédente.

C'est peu de chose, mais l'abaissement de 1/3 consenti par

le tarif minimum (10 francs au lieu de 15 francs les 1000 kilogs)
mérite d'être mentionné.

La légère diminution du tarif minimum sur les *bois à brûler*
et les *bois de Construction* ne saurait jouer qu'un rôle insignifiant pour le développement de notre exportation en France,
malgré que celle-ci ne figure pas en dernière ligne dans le chiffre total qui est fort mince. Comme solde, nous sommes largement importateurs de ces deux articles, que nous retirons
presque exclusivement de l'Autriche.

Notre importation de bois à brûler est environ 9 fois supérieure à notre exportation, — et pour le bois de construction,
l'écart est encore plus considérable.

Nous exportons par contre presque exclusivement à destination de France du *mer-*
rain, des *bois en éclisse* et du *feuillard*,
savoir : .... Quintaux   12.606
sur..................................   26.602
montant total de notre exportation en 1893.

Au tarif minimum le merrain paie 0, fr. 75 au lieu de 1 fr. 25;
le bois en éclisse 1 fr. 50 au lieu de 2 fr.; le feuillard 1 fr. 75
au lieu de 2 fr. 50. Ce rabais nous profiterait sans doute.

La réduction des droits d'entrée sur les
Meubles, qui varie au tarif minimum de
15 0/0 à 33 0/0, est très appréciable. Sur
.... Quintaux   11.702
que nous avons exportés en 1893..........   2.290
sont à destination de France, contre   1.718
en 1892.

L'Autriche vient en deuxième ligne avec
                Quintaux...   1.082
mais elle nous en expédie par contre.....   5.080
C'est la presque totalité de notre importation qui s'est élevée en 1893 à Quintaux.   7.171

L'Allemagne nous vend aussi plus qu'elle
n'achète. Elle a importé d'Italie.......
                Quintaux.   685
mais elle en a exporté...................   954

Notre exportation pour la France est
d'ailleurs en nouveau progrès dans le premier semestre de l'année courante........
                Quintaux.   1.135

contre 764

en 1893. C'est donc surtout vers la France que le courant de notre exportation est tourné.

Nous exportons en outre des *ouvrages en bois de toutes espèces.* Il y a là un ensemble de petites industries qui sont en plein développement. En 1893 nous avons exporté :

Quintaux..	33.868
contre	28.687
en 1892, et.....................................	.0 16

en 1890. C'est encore à la France que nous devons cette augmentation, car de Quintaux 6.647 chiffre de notre exportation en 1890, on passe en 1893, à............................... 15.260 qui représentent la moitié environ de notre exportation totale.

L'amélioration qui s'est vérifiée dans le premier semestre de l'année 1894 : Quintaux. 20.370 contre..................................... 15.569 repose exclusivement sur nos envois à destination de France qui de........ Quintaux 7.480 s'élèvent à............................... 13.381

Nos importations ont par contre baissé et la France qui nous avait fourni en 1890 Quintaux. 1.203 n'a exporté chez nous en 1893 que — 776

Le courant nous est donc favorable et le tarif minimum concédant un rabais de 25 0/0 pourrait le développer.

Nous fournissons des *tresses de paille* et des *chapeaux de paille* un peu partout et il y a progrès aussi sur ces deux articles.

Notre exportation pour le premier a atteint en 1893 le chiffre de........ Quintaux 10.805 contre..................................... 7.798 en 1892, et nous en avions exporté.......... 6.580 en 1890. Pendant le 1er semestre 1894 :...... 6.074 contre .... 5.187 dans la même période de l'année précédente.

C'est évidemment la Suisse qui prend le

gros de notre marchandise, savoir : ....

	Quintaux.	4.543
La France avec........................		1.510

vient aussitôt après, au même niveau que
l'Allemagne qui en a importé.............. 1.616

Le tarif minimum réduisant les droits d'entrée de 1/3 (1 fr.
au lieu de 1·fr.50 les 100 kilogs) favoriserait donc l'exportation d'un article qui est en bonne voie.

Pour les chapeaux de paille la réduction de
125 fr. à 100 fr. les 100 kilos pourrait être
encore plus profitable, car sur... Centaines   54.250
chiffre total de notre exportation en 1890 la
France ne figurait que pour.............. 435

En 1892, notre exportation était tombée
à........................... Centaines   30.724
dans lesquelles la France était comprise pour   2.102

L'année dernière on remonte à. Centaines   43.167
dont..   3.119
à destination de France.

Dans le premier semestre 1894 enfin, cette
note s'accentue. Nous avons exporté
Centaines.   34.711
au lieu de............................   32.105
et pour la France........................   2.987
contre...................................   2.573

Le *papier* et les *livres* ne jouent un certain rôle dans notre
commerce spécial, qu'au point de vue de l'importation.

Nous n'exportons dans une assez large
mesure que du *papier blanc* et du *papier
d'emballage* et c'est seulement le premier
article que nous envoyons en France, où
nous avons expédié en 1893...... Quintaux   1.248
sur une exportation totale de.............   30.335
qui est absorbée pour une bonne moitié par l'Amérique du
Sud.

Le tarif minimum atténue les droits d'entrée de 13 fr. à 10 fr.
les 100 kilogr. pour papiers blancs à la mécanique et de
15 à 12 fr. pour les papiers à la forme ou à la main.

Dans la *peausserie*, en dehors de la matière première, nous
n'avons guère qu'un article d'exportation :
les *Gants de Peau*. — On a exporté en
1893........................... Paires   17.848

contre.................................. ..... 15.314
en 1892, mais nous ne sommes pas encore revenus au chiffre de 1890, et nous sommes
bien loin de celui de 1889 qui a été de. Paires 26.456

Malgré cette diminution, nos envois en
France se sont maintenus au même niveau
qu'en 1889, savoir : .... Paires 1.760

Une réduction de 50 0/0 sur les droits d'entrée pourrait relever notre exportation.

Pour les *minerais*, les *métaux*, leurs *produits* et *ouvrages*
nous n'avons rien à noter. Nous importons de toutet de partout.
C'est le côté faible de notre industrie.

Pour les *terres, poteries, vaisselle, cristaux*, le changement
de tarif est loin d'être pour nous un facteur négligeable.

Il y a d'abord les *marbres ouvrés* dont l'importation pour la France est en diminution
sensible. De..................... Quintaux 17.687
que nous avions expédiés en 1890, nous
sommes tombés en 1893 à........ Quintaux 8.340
sur un chiffre total de.................... 564.479

Dans le premier semestre de 1894 notre
exportation est descendue à...... Quintaux 240.871
contre.................................. 274.727
en 1893.

L'Angleterre, notre principal client, qui
avait importé en 1893......... .. Quintaux 256.848
nous en a acheté dans les six premiers mois
de l'année courante seulement............ 90.920
au lieu de............................. 122.884

Toute la différence est là.

Nous constatons une amélioration du côté
de la France qui a importé....... Quintaux. 7.142
contre..... .... 6.176
dans la période correspondante de 1893. C'est
toutefois peu de chose, car tous les autres
pays, y compris la Russie, contribuent à
notre exportation pour un chiffre plus important. Or, sur les *marbres sciés*, le droit
d'entrée est abaissé au tarif minimum de
2 fr. 50 à 1 fr. 50, ou de 4 fr. 50 à 3 fr. 50
suivant l'épaisseur.

Pour les *marbres sculptés, statues, cheminées*, etc., bref pour toutes les catégories de marbres ouvrés, le rabais est d'environ 25 0/0 et il s'applique aussi aux *albâtres ouvrés*. Comme il y a pour cette sorte d'articles un vide à remplir dans notre commerce avec la France, il est probable que l'abaissement de tarif, qui est par lui-même insuffisant pour exercer une influence décisive, deviendrait le point de départ d'un nouvel effort de nos industriels et de nos artistes pour conformer leurs produits aussi au goût du public français. Il y a là une question de mode, de sympathie nationale, mais surtout d'adresse de la part de nos fabricants.

Pour le *gypse* et la *chaux*, le léger rabais consenti par le tarif minimum est d'une importance secondaire, car sur le chiffre total

de notre exportation qui est de... Quintaux	44.406
nous n'exportons en France que... —	8.253
tandis que nous importons de France —	30.702
savoir, plus du tiers de notre importation totale qui s'élève à.. .... Quintaux.	84.759

Pour les *cristaux*, les *verreries*, les *émaux* et les *conterie de Venise* un rabais allant de 20 à 33 0/0 contribuerait à donner une impulsion à notre exportation croissante. En 1893,

sur .... Quintaux	48.38
nous en avons expédié en France.........	13.761

Dans le premier semestre de l'année courante le progrès que nous constatons sur

le chiffre total, qui de.. ....Quintaux	23.625
passe à.................................	26.267

est presque exclusivement le résultat du terrain gagné du côté de la France où nous

en avons exporté.............	8.979
au lieu de.................................	5.886

Celle-ci occupe donc le premier rang; l'Angleterre et l'Autriche viennent en deuxième ligne, et l'Allemagne, dont le nom ne figure même pas dans le tableau de nos exportations pour ces articles, a vu par contre doubler les siennes à destination d'Italie au détriment de la France dont les envois sont réduits de moitié.

Parmi les *céréales*, les *pâtes*, les *farines* et les *végétaux*, il y a (comme nous l'avons remarqué) toute une série de produits pour lesquels les droits d'entrée sont sans changement aux deux tarifs. Mais les articles favorisés par le tarif minimum ne sont pas inférieurs, ni comme nombre, ni comme importance.

Pour les *pâtes*, notre exportation est bien réduite..........................Quintaux   3.543

contre..   5.996

en 1890. Nous expédions en France seulement Quintaux.   450

et l'abaissement des droits d'entrée de 8 à 10 francs les 100 kilogr. n'exercerait qu'une influence insignifiante sur l'accroissement de nos exportations.

Les *citrons*, les *oranges*, les *mandarines* sont de riches articles sur lesquels nous avons reconquis depuis 1891 le terrain perdu dans les deux années précédentes, puisque de Quintaux   1.942.524

chiffre de 1889, nous étions tombés en 1891 à.   1.351.690

et nous voilà revenus en 1893 à............   1.978.134

C'est un des produits pour lesquels nos envois à destination d'Allemagne ont pris un essor depuis le nouveau traité.

Nous avons doublé aussi notre exportation pour la Russie et elle est augmentée dans des proportions considérables pour l'Amérique du Nord qui figure en tête de ligne avec le gros chiffre de...........Quintaux   1.123.095

L'Angleterre vient au deuxième rang et l'Autriche au troisième avec environ chacune........................ Quintaux.   280.000

Notre exportation pour la France est bien réduite, malgré qu'elle ait aussi presque doublé depuis 1890 en s'élevant de. Quintaux.   7.989

à..   13.948

Les résultats du premier semestre 1894 méritent d'être signalés........ Quintaux.   1.450.837

contre........... ....   1.302.048

en 1893................................... Nous les devons surtout à l'Autriche qui passe de..................... Quintaux.   150.932

à..   240.526

et à l'Angleterre qui nous en a acheté......   229.506

au lieu de...............................   181.257

Mais il y a une augmentation d'environ 50 0/0
aussi dans nos envois à destination de France,
qui s'élèvent à................... Quintaux   9.393
contre................................ ......   6.334
dans la même période de l'année dernière.

Or, pour les citrons et pour les oranges, le tarif minimum est
de 5 francs au lieu de 10 francs. Pour les mandarines de 10 au
lieu de 15 francs les 100 kilogr., et ce rabais est d'autant plus
important que nous avons à soutenir la concurrence de l'Espagne et que l'égalité de traitement est une condition essen-
tielle pour pouvoir rivaliser.

Nous exportions en 1887 pour........Fr.   5.756.000
de fruits de table.

En 1893 notre exportation se chiffrait
seulement par.......... .... Fr.   2.339.000

Malgré que depuis 1890, nos envois en
France aient presque doublé......Quintaux   21.694
contre...............................   11.526
il y a loin encore du développement qu'ils
ont pris avec

l'Allemagne qui a importé en 1893. Quintaux   120.069
l'Autriche   »   »   »   102.209
la Suisse   »   »   »   69.930

C'est ainsi que nous arrivons par une
échelle rapidement ascendante à un chiffre
total de..................... Quintaux.   321.973
c'est-à-dire plus que le double de notre
exportation en 1889.

Dans le premier semestre de 1894 notre exportation a encore triplé. Elle s'élève à
Quintaux.   116.276
contre..................................   41.460
en 1893.

L'Allemagne a importé........ Quintaux   24.813
au lieu de............................   8.955
et la France........ ....   28.053
contre 12.324
en 1893. Une réduction des droits d'entrée
de 30 à 50 0/0 accentuerait cette impulsion qui
est due en partie à la hausse du change.

Le même rabais de tarif s'applique aux
fruits secs pour lesquels notre exportation
en France est descendue depuis 1890 de

Quintaux	41.805
à..	35.645

tandis qu'elle a augmenté à destination d'Allemagne et surtout d'Autriche, de façon que le
montant total s'est élevé en 1893 à Quintaux | 326.646
contre...................................... | 290.489

en 1890. Pour le premier semestre 1894 il y a
une nouvelle amélioration à signaler........

Quintaux.	75.356
contre	65.119

dans la même période de l'année dernière.
La France y a contribué, passant de Quintaux | 3.946
à.. — | 6.732

Nous sommes donc déjà en bonne voie.

Pour les *légumes frais*, l'énorme développement de nos
exportations repose presque en totalité sur le concours du
marché français.

De.........................Quintaux	304.400
chiffre de 1892, elles se sont élevées à......	1.238.193
La Suisse en a importé..................	190.854
au lieu de...............................	23.820
L'Allemagne.............................	193.767
au lieu de...............................	83.390
L'Autriche	150.055
au lieu de...............................	102.681

Mais ces augmentations sont insignifiantes
en comparaison de celle qui s'est vérifiée
pour la France qui passe de...... Quintaux | 38.396
à... | 650.061

Dans le premier semestre de l'année courante le montant de nos exportations est
plus que doublé.............. ....Quintaux | 545.710
contre.. | 222.011

en 1892. Et c'est à la France surtout que nous
le devons, car elle a absorbé..... Quintaux | 242.579
au lieu de............................... | 49.150

Le rabais de 25 0/0 du droit d'entrée (qui est au tarif mini-

mum de 6 francs au lieu de 8 francs les 100 kilos),consoliderait
ce développement remarquable qui pourrait se trouver à un
moment donné compromis par une amélioration du change.

La 15° et dernière catégorie comprend les *animaux vivants*,
leurs *produits et déchets* et conséquemment tous les produits
de l'élevage qui sont frappés de droits identiques aux deux
tarifs.

Il y a cependant aussi dans cette catégorie, abstraction faite
de quelques articles secondaires, deux produits pour lesquels
l'atténuation des droits d'entrée aurait pour nous une valeur
incontestable.

Notre exportation totale pour le *beurre* s'est
élevée en 1893 à..,..............Quintaux   50.490
contre... ....   43.268
en 1892, et.................................   30,496
en 1890.

C'est à l'Angleterre exclusivement que
nous devons ce progrès, puisque de........
                              Quintaux.   6.855
chiffre de 1890, on arrive à...............   26.385
en 1893.

L'amélioration est insignifiante dans nos
envois pour la France......... Quintaux.   11.148
au lieu de...................................   10.229
et pour les premiers six mois de 1894.Quintaux   6.835
au lieu de...................................   6.004

L'Angleterre, par contre, nous en a pris
encore 5,000 de plus et figure ainsi pour
                              Quintaux.   19.215
dans notre exportation du dernier semestre
qui de......................................   26.215
s'est élevée à...............................   31.940

L'allégement dans le droit d'entrée qui est d'environ 50 0/0
serait donc le bienvenu.

Les *fromages* sont un des produits de notre industrie agricole qui commencent à être appréciés à l'étranger.

L'exportation totale a atteint en
1893.............................Quintaux   66.397
contre 58.989
en 1892 et notre débouché principal est aussi
l'Angleterre qui a importé.......Quintaux   26.261

tandis que nous en avons expédié en France

seulement.. 6.090

Et c'est encore l'Angleterre qui contribue
en première ligne à l'augmentation signalée
par nos statistiques du premier semestre de
1894, pendant lequel nous avons exporté. ...

Quintaux. 35.115

savoir...................................... 4.200

de plus que dans la même période de 1893.

Mais dans cet accroissement la France
figure aussi pour................. Quintaux 1.300

car elle a importé............... — 3.935

au lieu de........................ — 2.635

Le tarif minimum est de 15 francs au lieu de 25 francs les
100 kilogs.

Le rabais n'est pas moindre sur les *œufs*, pour lesquels notre
exportation est aussi en progression sensible, surtout grâce à
'Angleterre, qui sur........... Quintaux. 236.524

en a importé en 1893...................... 110.646

Pour la France, il y a augmentation depuis 1891. On était descendu alors à Quintaux 10.629

correspóndant à une valeur de...... Fr. 892.000

andis que l'année dernière nous avons exporté .... Quintaux. 14.508

équivalant à........................ Fr. 1.348.000

Dans le premier semestre de 1894 la France
passe de..................... Quintaux. 7.926

à...... 17.970

participant ainsi à l'accroissement considérable de notre exportation qui s'élève à

Quintaux. 195.402

savoir...................................... 56.000

de plus que dans la même période de 1893.

La réduction des droits d'entrée de 10 fr. à 6 fr. les 100 kilos
ramènerait donc bientôt notre chiffre d'affaires avec la France
au niveau qu'il avait atteint en 1887, c'est-à-
dire à............................... Fr. 4.630.000

III

La place occupée par la France dans le commerce spécial de l'Italie comparée à celles des autres pays. — Amélioration du commerce international italien depuis 1891. — Crise financière qui coïncide avec le relèvement économique. — Les traités de commerce de l'Italie et leurs conséquences. — Comparaison avec les résultats défavorables que l'on constate pour la France depuis 1891. — Balances commerciales et économiques de la France et de l'Italie. — Conclusions générales et spéciales ayant trait aux relations franco-italiennes.

Nous allons compléter cet examen par un coup d'œil d'ensemble, qui nous permettra de préciser la situation que la France occupe encore dans notre commerce spécial.

Les marchandises ayant trait à nos échanges internationaux, sont réparties dans les statistiques officielles en 16 catégories.

Il y en a deux pour lesquelles nous sommes seulement importateurs : la sixième qui embrasse les articles de coton et la seizième qui comprend tous les produits d'une importance secondaire, sous le titre « Objets divers ».

Les 14 catégories susdites comprennent   156   articles sur lesquels 42 figurent ....à l'exportation
                          et à l'importation
          74   seulement à l'importation
et   40   —   à l'exportation
Nous importons donc   116   articles, et nous en exportons
                        82   et l'écart entre ces deux chiffres repose presque entièrement, comme nous l'avons déjà fait remarquer, sur les produits de la douzième catégorie, c'est-à-dire les minerais, les métaux et les objets et ouvrages en métaux.

Examinons quelle est la situation de la France à l'égard des 82 articles dont se compose notre commerce d'exportation, soit comme nombre, soit comme place, en comparaison du rang qu'occupent les principaux pays de l'Europe, avec lesquels nous avons les relations les plus suivies, c'est-à-dire l'Angleterre, l'Autriche, l'Allemagne et la Suisse.

Pour ne pas dépasser le but de nos recherches, nous ne tiendrons pas compte, en établissant cette statistique comparée, de nos exportations avec les contrées lointaines, bien que celles-ci se soient considérablement développées.

Nous exportons :

En France	68 articles,	contre	14 que nous n'exportons pas		
— Autriche	61	—	—	21	—	—
— Suisse	49	—	—	33	—	—
— Angleterre	44	—	—	38	—	—
— Allemagne	39	—	—	33	—	—

La France vient donc au premier rang pour la variété des articles, ce qui est d'autant plus remarquable, qu'il n'y en a pas un seul de quelque importance, qui ne soit compris dans le chiffre susdit, car les 14 produits pour lesquels la France ne figure pas dans nos tableaux sont absolument secondaires.

Voici maintenant la place que chacun des pays susmentionnés occupe dans nos 82 articles d'exportations.

C'est l'*Angleterre* qui tient la première place pour le plus grand nombre de produits, savoir, pour.....   24

Viennent ensuite :

la France ⎱
et l'Autriche ⎰ chacune pour....   17
la Suisse   pour....   14
l'Allemagne seulement pour....   3
Il n'y en a que........................   8
pour lesquels d'autres pays européens figurent en première ligne.

A la 2ᵉ place, nous trouvons :

la France ⎱
et l'Autriche ⎰ chacune pour Art.   18
la Suisse ⎱
et l'Allemagne ⎰   —   —   11
et l'Angleterre   —   5

et a la 3me.

la France pour........ Articles		20
la Suisse » .... »		14
l'Autriche \\ et l'Allemagne ⟨ chacune pour »		9
l'Angleterre » »		3

La 4e place est occupée

par l'Autriche ⟩ et l'Allemagne ⟨ pour.........Articles.		13
la Suisse...... —		7
la France..... —		5
l'Angleterre .. —		2

Et la 5^e

par l'Angleterre avec..........Articles.		8
la France............................		4
l'Autriche ⟩ la Suisse ⟨ chacune avec......... l'Allemagne ⟩		3

A la 6e place enfin, il n'y a que

la France avec.............Articles.		2
l'Autriche ⟩ l'Angleterre ⟨ chacune pour........ et la Suisse ⟩		1

La France occupe donc encore, tout compte fait, dans ce tableau comparatif, la première place.

Au point de vue de la valeur totale des marchandises exportées, la France se maintient à un niveau bien supérieur à celui de l'Angleterre et de l'Autriche, et dépasse celui de l'Allemagne. Elle est de 40 millions environ au-dessous de la Suisse qui figure au premier rang avec un chiffre de 188 millions, mais grâce seulement à son importation considérable d'un seul de nos produits, savoir: les soies grèges, qu'elle nous a achetées l'année dernière pour une somme de 107 millions.

Dans le premier semestre de 1894, cette situation respective s'est encore déplacée à l'avantage de la France.

C'est la France enfin, qui, après la Suisse, est le seul pays d'Europe pour lequel le chiffre de nos exportations dépasse sensiblement celui de nos importations, et cette balance en notre faveur a une tendance à s'accentuer de plus en plus.

Nous avons procédé dans ces recherches par voie de comparaison, en encadrant l'étude de notre commerce avec la France, dans un aperçu du mouvement général. C'est le meilleur moyen pour l'apprécier à sa juste valeur et pour mesurer les conséquences d'un changement de tarification.

Nous venons ainsi de constater que le courant de nos exportations est encore pour une partie très appréciable dirigé vers la France, dont la prééminence s'affirmerait par l'adoption du tarif minimum. Ce développement naturel serait également profitable aux deux pays, car, même en nous plaçant au point de vue du législateur français, voici le résultat auquel on arrive :

1° Les produits qui ont trait à l'élevage et les articles d'alimentation de première nécessité, pour lesquels le tarif est unique, ne pourront quand même pénétrer en France que dans des proportions insignifiantes.

2° Toute impulsion indirecte que nos rapports plus étroits avec la France pourront imprimer à notre exportation déjà en progrès sensible pour les articles exempts aux deux tarifs, sera bienfaisante et conforme aux intentions du législateur.

3° Pour les autres produits, sur lesquels le tarif minimum consent un rabais, nos exportations sont aussi en reprise. C'est là un indice qu'il s'agit d'articles spéciaux ou bien de ceux qu'on a intérêt à importer de l'étranger et que nos produits présentent comme prix ou comme qualité un avantage sur ceux des autres. Ce qu'on importera donc en plus du côté de l'Italie, on l'importera en moins d'Espagne ou d'Allemagne avec un profit réel pour les commerçants et pour les consommateurs français.

Ces indications se trouveraient amplement confirmées par un examen de la question au point de vue opposé, c'est-à-dire à celui des exportations françaises en Italie.

La France a perdu sur notre marché un immense terrain au profit de l'Allemagne, de l'Angleterre, de l'Autriche et de la Suisse, et comme les articles français ne sont pas aussi indispensables à l'Italie que les nôtres le sont à la France, la concurrence avec les produits similaires des autres nations leur devient impossible.

Si donc le tarif minimum supprime des entraves opposées à un courant, qui est en train de se développer, l'obtention par contre de la condition de la nation la plus favorisée, avec quelques concessions supplémentaires faites aux industries françaises, est devenue pour celles-ci une question vitale et urgente.

Ces comparaisons statistiques nous ont démontré en outre, que, toute question d'animosité traditionnelle à part, nous avons avec l'Autriche des liens d'intérêt puissants et que notre alliance a une raison sérieuse et permanente d'être, à une époque où la préoccupation du bien-être des masses et de l'amélioration pacifique de leur sort joue un rôle prépondérant et doit être placée au-dessus des querelles et des rivalités politiques. Et il est fort compréhensible qu'il en soit ainsi, puisque nous sommes les voisins immédiats de l'Autriche et que nous avons avec elle de nombreux points de contact.

Le courant naturel de sympathie et d'intérêts réciproques qui existe entre l'Italie et l'Angleterre se répercute sur le développement de nos échanges, qui ont pris une excellente tournure. La marchandise anglaise a été remplacée chez nous, en partie, par des objets de fabrication nationale, mais l'Angleterre absorbe nos produits dans des proportions croissantes, de façon que l'écart considérable qu'il y avait jadis en sa faveur, tend à disparaître.

Le traité de commerce avec l'Allemagne a donné, par contre, des résultats inférieurs à l'attente générale, et nous sommes déjà en train de perdre une partie du terrain que nous avions gagné en 1892.

Ce n'est pas un reproche que nous adressons à notre alliée. Elle ne nous a pas marchandé les concessions, mais elle ne peut pas changer l'ordre naturel des choses, comme le mauvais vouloir de la France envers nous, ou le nôtre envers elle, ne peut supprimer la communauté de nos intérêts.

Il n'y a pas de véritables frontières naturelles, ou il n'y en a que jusqu'à un certain point. La nature ne procède pas par soubresauts, et les contrées et les peuples qui les habitent se modifient et se transforment par une série ininterrompue de nuances, de façon que chacun est porté par son caractère, par ses mœurs et surtout par ses intérêts, à tendre, en première ligne, la main à son voisin. Tout ce que l'on fait pour troubler cette allure normale est faux et transitoire, et quand les déplacements artificiels qui s'ensuivent ne s'imposent pas par une fatalité d'un ordre supérieur, ils sont non seulement nuisibles, mais déplorables et criminels.

Nous sommes arrivé enfin à la constatation d'un fait remarquable qu'il est bon de faire ressortir dans une heure de découragement, où on doit saisir toutes les occasions pour ranimer la confiance en nous-mêmes et pour rétablir à l'étranger celle que nous méritons malgré toutes les fautes commises.

L'Italie est entrée, depuis 1891, dans une période de relèvement économique qui s'est accentué en 1893 et qui est en nouveau progrès dans l'année courante.

Les crises financières et monétaires, qui éclatent soudainement, par suite de circonstances plus ou moins accidentelles, ne sont, en réalité, que la conséquence d'un malaise industriel et commercial qui, depuis longtemps, en prépare l'éclosion. C'est ainsi que, de 1884 à 1890, inclusivement, les statistiques de notre commerce spécial portaient déjà l'empreinte d'une crise latente, dont les manifestations les plus aiguës ont coïncidé avec les premiers symptômes d'une amélioration économique. Il doit en être ainsi, car, dès qu'une fausse situation monétaire et financière se dévoile dans toute son étendue et se répercute sur le cours des valeurs dirigeantes et des changes internationaux, le mouvement commercial se modifie et, par son déplacement, la cause première de la crise se trouve peu à peu écartée.

Notre commerce spécial, qui, en 1885, était de............................ Fr.   2.475.000.000

descend, en 1891, au chiffre minimum de..   2.003.384.738

et pendant cette période l'excédent de nos importations sur nos exportations s'élève d'environ........................... Fr.   100.000.000

à................................. —   425.000.000

par an.

En 1893, on remonte à .... —   2.154.272.548

et dans ce chiffre les importations figurent pour............................... Fr.   1.190.148.200

et les exportations pour..................   964.124.348

L'excédent des importations n'est plus que de .... Fr.   226.023.852

Il y a donc amélioration sensible, même en

prenant comme point de comparaison l'année qui précéde la rupture de notre traité
avec la France. Car en 1887, sur un total
de . . . . Fr. 2.608.093.706
nos exportations avaient atteint. 1.002.414.531
chiffre qui est approximativement égal à
celui de l'année dernière ; mais nos importations, par contre, s'étaient élevées à Fr. 1.605.679.175
savoir. 415.000.000
de plus qu'en 1893.

Les résultats du premier semestre de l'année courante sont encore plus satisfaisants.
Notre commerce spécial a diminué de. Fr. 7.084.180
savoir. 1.079.826.050
contre 1.086.910.234

mais les importations ont baissé de. . . . Fr. 608.435.193
à. 546.305.062

et sont ainsi en diminution de. . . . . Fr. 62.130.131
et les exportations par contre se sont éle-
vées de. . . . . Fr. 478.475 041
à. . . . . — 533.520.988

et présentent une augmentation de. . . Fr. 55.045.947
L'excédent des importations sur les exportations qui était, dans le premier semes-
tre de 1893, de. . . . . Fr. 130.000.000
est tombé donc, en 1894, à. . . . . — 13.000.000
Ce mouvement n'est pas accidentel ;
il se traduit par une progression qui est
chaque mois en rapport avec le montant
des échanges, et se répartit d'une façon
proportionnelle entre les différents groupes
de marchandises, témoignant ainsi d'un
développement régulier de toutes les branches du travail et de la production.

L'Italie étant un pays agricole, a vu
d'abord s'accroître l'exportation des objets
alimentaires d'environ 17 0/0 :. . . . . . . Fr. 170.800.000
contre 146.200.000

savoir. . . . . Fr. 24.600.000
de plus que dans le premier semestre 1893,

résultat qui est d'autant plus remarquable que le prix de toutes les denrées a encore baissé. L'augmentation de la valeur correspond ainsi à une augmentation encore plus importante de la quantité des marchandises exportées.

En analysant les principaux produits, notons que l'exportation *des vins* est tombée de: .... Fr. 33.700.000

à... 23.700.000

et celle des *alcools* de................. Fr. 2.000.000

à... 1.100.000

Il y a donc de ce chef une diminution de... 11.000.000
environ. C'est là une nouvelle preuve que l'exportation vinicole a cessé d'être un facteur prépondérant de notre balance commerciale: Ce déficit de 11.000.000 se trouve en effet comblé et transformé en un excédent de 24.000.000 par suite de l'accroissement de nos exportations sur quatre articles.

Nous avons exporté des *huiles d'olives* pour.................................... Fr. 43.200.000

au lieu de................................. 26 500.000

Augmentation..................... Fr. 16.700.000
et l'exportation des *animaux vivants* et de eurs produits s'est élevée à........... Fr. 55.500.000

au lieu de................................. 41.500.000

Augmentation. .... Fr. 14.000.000

Nous voilà déjà à 30.000.000 sur deux articles dont le dernier appartient à ceux qui ont été irréparablement frappés par les tarifs Méline. Le chiffre total de leur exportation s'élève cependant au quadruple de celui de notre exportation vinicole.

Les autres 4.000.000 nous ont été fournis par les Oranges, Citrons, etc. dont l'exportation a produit........... Fr. 21.866.000

au lieu de................................. 19.623.000

et par les autres fruits qui sont représentés

par le chiffre de .... Fr.		8.839.000
au lieu de....................		6.000.000

C'est ainsi qu'une branche de notre exportation comme les *oranges et les citrons*, qu'on est habitué à considérer comme secondaire, occupe actuellement dans nos statistiques une place presque équivalente à celle des vins.

L'importation des *denrées alimentaires* a diminué en même temps d'environ 32 0|0.

On tombe de .... Fr.		139.700.000
à...............................		95.500.000
Cette diminution de..................Fr.		44.200.000

repose en grande partie sur un seul chapitre, savoir : les *blés et froments* dont l'importation étant descendue de..............Fr.

		76.985.200
à....................................		37.889.940

se trouve réduite à la moitié du chiffre du 1er semestre de l'année dernière.

Nous avons en effet importé ... Tonneaux		322.882
au lieu de..............................		452.856

La diminution de 18.500.000 fr. dans la recette des douanes dépend donc pour la presque totalité, savoir pour 12 millions environ d'une circonstance heureuse qu'il ne faut attribuer qu'en partie à la bonne récolte. La production nationale s'est développée par suite du perfectionnement des procédés agricoles, des nouveaux terrains mis en valeur et d'une transformation partielle de la culture dans les vastes plaines de l'Italie méridionale. Nous aurons ainsi (à l'aide de l'augmentation des droits d'entrée sur les céréales) cessé dans un avenir prochain d'être tributaires de l'étranger. On peut affirmer en même temps que la moins-value des recettes douanières vient d'atteindre à 7 ou 8 millions près ses limites extrêmes ; elles profiteront ensuite de toute l'impulsion ultérieure de notre commerce international qui est entré dans une voie ascendante.

Les matières premières nécessaires à l'industrie figurent dans le tableau de nos importations semestrielles pour.......... Fr.

		237.256.000

somme légèrement supérieure à celle du 1er semestre de 1893 et à l'exportation pour. Fr.

		99.000.000
chiffre qui dépasse seulement de...........		2.000.000

celui de la période correspondante de l'année dernière. Il n'y a donc pas eu de ralentissement dans notre activité industrielle, malgré la crise financière que nous venons de traverser et la crise économique qui s'est appesantie sur toute l'Europe.

Cette déduction est confirmée par les données suivantes. Nous avons exporté dans ce semestre pour .... Fr. 180.200.000
de produits demi-ouvrés au lieu de 163.900.000

savoir............. .... Fr. 16.300.000
de plus que dans la même période de 1893 et neus avons importé pour .... Fr. 2.750.000

de moins, c'est-à-dire....... .... Fr. 93.850.000
au lieu de 96.600.000

Pour les *objets fabriqués* l'écart est encore plus considérable......... .... Fr. 83.750.000
au lieu de. 71.750.000

à l'exportation, savoir................ Fr. 12.000.000
en plus et.................... . .... Fr. 119.600.000
contre 135.200.000

àl'importation, c'est-à-dire en moins.... Fr. 15.500.000

Le montant de nos exportations dépasse donc celui des importations sur les objets alimentaires, d'une somme de .... Fr. 75.250.000
et sur les produits demi-ouvrés de...... — 86.350.000

Ensemble.......... .... Fr. 161.600.000

Pour les *objets fabriqués* l'écart en faveur de nos importations est réduit à........... 26.000.000

La supériorité des importations n'est donc en réalité prépondérante que pour les matières premières nécessaires à l'industrie. que nous retirons de l'étranger pour une somme de..................... Fr. 138.500.000
supérieure à celle que nous réalisons par nos ventes au dehors. Ces tableaux témoignent d'une situation saine qui est en train de devenir prospère. Il y a là vraiment de quoi nous réjouir et de quoi faire réfléchir nos nombreux détracteurs.

Notre commerce d'exportation vient de regagner tout le tertrain perdu depuis 1884, tandis que nos importations sont de 200 millions inférieures à celles de l'année susdite. Ce chiffre correspond à autant de produits nationaux, allant du blé jusqu'aux soieries, qui ont remplacé des objets venant du dehors. Certes, la fortune publique, en Italie, n'a pas fait d'énormes progrès dans ces derniers dix ans : ce que l'on a gagné d'un côté a été en partie perdu de l'autre. La petite épargne s'est accrue, et dans des proportions considérables, mais les couches sociales supérieures viennent de traverser une période de crise. Nos dépenses de luxe ont donc diminué, mais notre consommation dans son ensemble a augmenté. Les nombreux articles, pour lesquels nous sommes devenus exportateurs, nous prouvent que nos importations ont baissé seulement par suite d'un déplacement de la consommation intérieure en faveur des produits nationaux. Il y a, d'ailleurs, une contre-épreuve frappante à l'appui. Depuis l'humble mansarde jusqu'au palais princier, depuis l'auberge jusqu'aux hôtels splendides de nos grandes villes, c'est l'article national qui a remplacé partout et sur toute la ligne les produits étrangers.

L'Italie a donc conquis à travers de graves erreurs et de nombreuses difficultés son indépendance économique. Elle puise dans son travail et dans sa production, non seulement les objets de première nécessité, mais aussi ceux qui contribuent à l'aisance et au bien-être, et elle se suffit autant que possible à elle-même, car chaque nation, chaque contrée, dépend, dans une certaine mesure, des autres. Le climat, le sol, la situation opographique, fournissent aux différents peuples des élémentss spéciaux de ressources surabondantes destinées à être échangées avec d'autres qui leur font défaut. Cette harmonie économique, cet équilibre providentiel n'est troublé que par l'action malfaisante des passions humaines. L'Italie n'en a pas été exempte : elle a fait aussi la fâcheuse expérience des tarifs autonomes protectionnistes de 1888 à 1890. En rentrant alors dans la bonne voie, elle a noué, par des conventions successives, des relations de fructueuse réciprocité qu'elle désire étendre de proche en proche. Elle est déjà arrivée ainsi à une répartition rationnelle du surplus de sa production entre les différents pays qui l'environnent, et son assiette économique est établie désormais sur des bases solides et permanentes, comme il résulte du tableau suivant :

		Importations italiennes	Exportations
Autriche	en 1889..............	159.441.000	90.146.000
—	— 1892..............	122.321.000	105.763.000
—	— 1893	120.160.000	119.540.000
Allemagne	en 1889..............	56.387.000	91.428.000
—	— 1892..............	143.964.000	145.494.000
—	— 1893	146.631.000	145.506.000
Angleterre	en 1889..............	314.276.000	112.709.000
—	— 1892..............	244.593.000	113.216.000
—	— 1893..............	251.540.000	104.415.000
Suisse	— 1889..............	62.303.000	235.675.000
—	— 1892..............	49.465.000	173.174.000
—	— 1893..............	51.407.000	187.589.0000
France	— 1889..............	167.466.000	164.825.000
—	— 1892..............	168.543.000	147.080.000
—	— 1893..............	158.724.000	148.006.00

suivant les statistiques italiennes
et.......................... 123.400.000 151.250.000
suivant les statistiques françaises.

Nous reviendrons tout à l'heure sur la différence entre les chiffres officiels des échanges, suivant qu'ils nous sont fournis par les bureaux français ou italiens, mais nous devons d'abord constater que nos exportations pour la France, qui, en 1881, s'élevaient à la moitié de la totalité de nos envois à l'étranger et qui en 1887 étaient déjà réduites à 40 0/0 environ, ne représentent actuellement que la cinquième partie de notre commerce avec les principaux Etats européens.

Nous entretenons des relations approximativement équivalentes avec la Suisse, l'Angleterre, l'Allemagne, l'Autriche et la France. On ne saurait nier que l'équilibre qui s'ensuit ne nous donne des garanties de stabilité et de développement progressif, qui nous faisaient jadis complètement défaut.

Quelques chiffres comparatifs concernant nos rapports avec les contrées lointaines feront encore mieux ressortir toute la portée de cette évolution bienfaisante qui est d'autant plus remarquable que les efforts intelligents de l'initiative privée ont été chez nous souvent contrecarrés et presque toujours insuffisamment appuyés par l'action gouvernementale.

Nous retirons nos blés et froments de Russie et le gros

chiffre de notre importation repose exclusivement sur cet article et sur le pétrole.

Nous avons importé en 1889 pour..... Fr.	153.587.000
et exporté pour........................ —	9.895.000
En 1892, notre importation tombe à.... —	124.271.000
et notre exportation s'élève à.......... —	10.221.000

Il faut envisager évidemment ces chiffres comme la conséquence de la mauvaise récolte qui s'est produite en Russie en 1891. Mais en 1893, malgré la disparition de ce facteur accidentel, nous n'avons importé que pour une somme de.................... Fr. **130.501.000**

et nos exportations n'ont baissé que dans des proportions insignifiantes, étant descendues à.................................... Fr. **8.529.000**

Nous avons déjà constaté que dans le premier semestre de l'année courante, notre importation de céréales a considérablement diminué. La quantité de blé et de froment que la Russie nous a fournie se trouve réduite

de............................ Tonneaux.	336.137
à..... .... —	209.743
et pour les avoines, de........ —	11.759
à...............................	5.860

Nous n'avons en outre retiré de Russie

que........................... Quintaux.	52.108
de pétrole, contre......................	71.850

dans la période correspondante de l'année dernière.

Nous avons expédié en Russie, par contre........................... Quintaux.

tre........................... Quintaux.	48.749
d'huile d'olives, au lieu de...............	8.161
et........................... Tonneaux.	4.951
de sel au lieu de......................	750

Nos envois pour les marbres sont sans changement, et ils n'ont subi pour les soufres qu'une diminution peu sensible, malgré l'influence que la situation anormale de la Sicile a exercée sur le mouvement total de notre exportation. Tout le gros de notre commerce avec la Russie se résume dans ces

données. Nous pouvons donc d'ores et déjà
en conclure que nos exportations seront réduites de 40 0/0 et que nos importations
seront doublées, de façon que nous arrive-
rons approximativement au résultat sui-
vant................................... Fr. 80.000.000
pour la valeur de nos importations et... — 20.000 000
pour celle de nos exportations

En 1888, notre commerce avec le Brésil se
chiffrait à l'importation à............. Fr. 2.115.000
et à l'exportation à..................... 2.159.000

En 1892, notre importation est de..... Fr. 5.343.000
et notre exportation de................. — 8.698.000

On tombe en 1893 à.................. Fr. 3.383.000
pour les importations et à .... — 5.773.000
pour les exportations, chiffres qui portent visiblement la trace
de la révolution qui a enrayé le commerce du Brésil avec
l'étranger pendant le premier semestre de l'année dernière.

Nos échanges avec l'Uruguay, qui étaient
nuls en 1880, s'élèvent en 1892 à........ Fr. 640.000
pour les importations, et à................ 5.592.000
pour les exportations.

Nos envois à destination de l'Amérique du
Nord ont augmenté depuis 1888 de... . Fr. 40.000.000
tandis que nos importations sont restées stationnaires. Nous avons ainsi exporté en 1892
pour..................................Fr. 100.000.000
et importé pour 75.000.000

Ces résultats ont été compromis l'année dernière par la crise
américaine et par les conséquences fâcheuses du tarif protectionniste, qui vient d'être abrogé.

En 1893, nous avons importé pour....Fr. 95.634.000
et exporté pour...... .. .. 81.629.000

Il n'y a là donc qu'une situation transitoire, qui se trouvera
déjà modifiée dans l'année courante.

L'Egypte qui, en 1889, nous a vendu ses
produits pour une somme de........... Fr. 21.000.000
et nous en a acheté pour................ — 5.800.000
figure dans nos statistiques de 1892 seule-

ment pour..... ....Fr.	18.500.000
à l'importation et....................... —	10.700.000
à l'exportation, et en 1893 pour......... --.	22.472.000
à l'importation et...................... —	10.129.000
à l'exportation.	

Nous avons exporté en 1893, à destination des Indes, pour........................Fr	14.907.000
chiffre qui est en légère augmentation sur celui de 1889, mais nos importations ont baissé de............................Fr.	93.709.000
à..................................... —	69.734.000

A la République Argentine, où notre commerce s'appuie sur des comptoirs nationaux et sur une grosse colonie riche et entreprenante, nous avons déjà conquis en 1889 une situation de premier ordre.

Nous importions pour................Fr.	14.713.000
et nos exportations s'élevaient à...........	47.480.000

La crise aiguë que ce pays a traversée se répercute dans les années suivantes aussi sur ses relations commerciales avec l'Italie.

La République Argentine a été forcée de nous envoyer plus de marchandises et d'en retirer beaucoup moins. Mais déjà depuis 1892 il s'est produit une amélioration.

Nos exportations s'élèvent pour cette annnée à........................Fr.	25.876.000
et nos importations à.................. -	20.535.000

En 1893, enfin, on regagne en bonne partie le terrain perdu.

Nos exportations montent à..........Fr.	37.317.000
et nos importations s'abaissent à...... —	15.663.000

L'Italie peut donc, dans les conditions actuelles, sans s'amoindrir et sans s'exposer à des interprétations malveillantes, prendre l'initiative d'exprimer à la France son désir d'aboutir à une reprise de leurs relations commerciales.

En agissant ainsi en conformité avec la sage ligne de conduite que nous nous sommes tracée dans notre politique commerciale et douanière, nous n'allons, certes pas, en quête d'un secours charitable par impuissance ou par faiblesse, mais nous faisons, au contraire, acte d'énergie, de loyauté et de bon sens.

Les statistiques françaises viennent, en
effet, de constater que nos exportations en
France ont encore augmenté, dans le pre-
mier semestre de 1894, de............Fr.   10.500.000
tandis que les importations françaises, en
Italie, ont baissé de.................... Fr.   20.500.000

Nous avons exporté pour............. —   74.000.000
en important par contre pour.......... —   48.000.000

Les statistiques italiennes mensuelles ne fournissent pas
d'indications sur la valeur des marchandises échangées avec
chaque pays. Il nous manque donc le terme de comparaison
nécessaire pour rectifier les chiffres des bureaux francais,
qui sont presque indiscutables pour ce qui concerne nos exportations, mais qui restent généralement au-dessous du vrai pour
ce qui regarde nos importations. On arrive à contrôler par
les encaissements des douanes, avec une exactitude approxi-
mative, le montant des importations; mais, pour les marchandises qu'on exporte, la valeur déclarée est une donnée fort
sujette à caution. Il y a, d'ailleurs, beaucoup d'objets qui sont
emportés par les voyageurs et qui échappent ainsi à tout con-
trôle jusqu'au moment où ils sont frappés aux frontières. La
France se trouve surtout dans ce cas, car elle fournit des
articles de mode et d'usage personnel au monde entier. Il faudrait donc s'en tenir aux chiffres des importations italiennes en
France suivant les statistiques françaises, et à ceux des exportations françaises en Italie suivant les statistiques italiennes.
En établissant par la même méthode la quantité et la valeur
des produits qui forment l'objet des négociations commerciales
entre les différents Etats, on obtiendrait des données qui s'ap-
procheraient autant que possible de la réalité.

Dans une étude des statistiques commerciales raisonnées et
comparées il ne s'agit pas toutefois de poser des chiffres d'une
rigueur indiscutable, mais il suffit de faire ressortir ces grandes
lignes fondamentales, qui, seules, ont une véritable portée au
point de vue économique. C'est ainsi que dans l'espèce, le fait
que nous ayons importé pour 10 ou 15 millions de plus de marchandises françaises, ne tire pas à conséquence, dès qu'il
résulte d'une façon évidente que le mouvement des échanges
a une tendance de plus en plus marquée à se développer en
notre faveur.

Cette constatation est pour nous d'autant plus précieuse, qu'elle nous permet de nous exprimer avec franchise. Nous n'avons pas la prétention de donner des avertissements salutaires à la France. C'est elle qui nous a précédés dans cette voie généreuse et profitable des relations de réciprocité franches et sincères avec tout le monde ; c'est elle qui nous a appris le chemin à suivre pour donner une impulsion vigoureuse aux forces vitales de la production et du travail ; c'est donc grâce à son exemple que nous sommes à la veille de sortir d'une crise économique dans laquelle elle est à la veille d'entrer.

Le commerce spécial de la France qui avait atteint, en effet, en 1891 .... Fr. 8.337.000.000

est descendu en 1893 à .... — 7.146.000.000

Il y a donc une diminution de .... — 1.191.000.000

Et les exportations qui en 1890 s'étaient élevées à .... Fr. 3.753.000.000

ont reculé en 1893 à .... — 3.209.000.000

avec une diminution de .... — 544.000.000

Mais les statistiques du 1er semestre 1894, qui viennent de paraître, sont encore plus défavorables.

Il y a augmentation de .... Fr. 258.125.000

dans le commerce total avec l'étranger, mais à quel prix !

Les importations se sont élevées de... Fr. 1.900 100.00J

à, ... — 2.235.620.000

en accusant ainsi une augmentation de .. — 335.520 000

et les exportations qui de .... — 1.663.882.000

tombent à .... — 1.585.487.000

sont en perte de .... — 77.395.000

L'excédent des importations sur les exportations, qui a été de .... Fr. 237.218.000

dans le 1er semestre de 1893, vient d'atteindre, pour la même période de 1894, le chiffre de .... Fr. 650.133.000

en dépassant ainsi le montant du déséquilibre total de l'année dernière.

Il y a comme solde une augmentation de Fr. 119.281.000

dans l'importation des matières premières nécessaires à l'industrie, mais cette donnée favorable est contrebalancée par les 17.774.000

d'objets fabriqués qu'on a importés en plus, et surtout par les 77.395.000

qu'on a exportés en moins, de façon qu'on
arrive pour les produits fabriqués à une diminution totale de...................... Fr.   95.169.000

Restent les objets alimentaires, dont l'importation a augmenté de .... Fr.   190.147.000
et l'exportation diminué de .... —   1.054.000

        Ensemble................ Fr.   191.201.000

Il ne faudrait cependant pas tirer de ces chiffres, dont la
première impression est bien fâcheuse, des conséquences
extrêmes qui seraient erronées ou tout au moins prématurées.
On aurait tort aussi d'imputer ces résultats exclusivement au
nouveau régime douanier.

Ils prouvent, toutefois, que les tarifs Méline ont une tendance
à aggraver la crise industrielle et commerciale, tandis qu'ils
ne peuvent atténuer que dans une faible mesure la crise agricole : la balance entre ces éléments contradictoires se solde
ainsi en perte.

Ces chiffres nous indiquent, en outre, que la France est
riche et que la consommation des objets qui ont trait au bien-
être général augmente ; mais sa puissance d'expansion diminue
en même temps, et le grand facteur de sa fortune tend ainsi à
disparaître.

L'homme, dont la vie n'est qu'un souffle, peut, l'âge venu, se
retirer pour jouir des fruits de son travail, quitte à ses succes-
seurs à continuer son œuvre ; mais une nation, dont l'existence
n'a pas de bornes, ne saurait à la longue se replier sur elle-
même, pour vivre sur ses ressources et sur l'accumulation
lente de son épargne, sans s'épuiser et sans tomber fatale-
ment dans une ère de décadence.

La France a sans doute réalisé d'immenses progrès pendant
les dix ans durant lesquels l'Italie a fait fausse route ; elle pos-
sède en outre des réserves considérables.

La balance commerciale, d'ailleurs, est, pour les pays agricoles
et pauvres qui puisent une partie de leurs capitaux et de leurs
disponibilités à l'étranger, la clef de voûte de l'édifice et leur
régulateur suprême et souvent presque exclusif. Mais elle n'est
qu'un élément secondaire de la balance économique et monétaire pour les nations dont l'épargne accumulée franchit les
frontières et se répand dans le monde entier, car leur rôle de
banquiers et de capitalistes a dans ces conditions une portée

égale et même supérieure à celui qu'elles jouent comme commerçants et industriels. La France et la Russie sont les deux Etats continentaux qui se trouvent à cet égard placés aux deux extrémités de l'échelle. Elles occupent la même situation réciproque en ce qui concerne un troisième facteur d'une importance capitale : nous voulons parler des déplacements temporaires qui se renouvellent périodiquement, en créant dans chaque pays, tantôt un vide dans sa population fixe, tantôt un surcroît dans sa population flottante.

Les Français et les Italiens, qui ont chez eux tout ce que la nature et l'œuvre de l'homme peuvent offrir de bon et de beau, de salubre et d'agréable, se déplacent sans sortir de leur pays natal, sauf des cas particuliers, qui, au point de vue économique, représentent une quantité négligeable, tandis qu'en Russie les gens favorisés par la fortune doivent chercher dans un coin de terre plus hospitalier les charmes de l'existence.

On évalue la somme que les étrangers apportent annuellement à la France à 1.000.000.000
et à l'Italie à 500.000.000

Or, que l'argent dépensé, soit employé à satisfaire aux besoins et aux agréments de la vie journalière ou qu'il soit converti en des objets qu'on peut conserver, il s'agit toujours d'autant de monnaie étrangère donnée en payement de produits nationaux qu'on consomme ou qu'on emporte. Il y a donc un échange équivalant à l'exportation d'une valeur correspondante de marchandises nationales.

Le contingent que les étrangers fournissent ainsi à la France suffit pour combler le déficit qui résulte de son mouvement commercial et pour faire pencher largement la balance économique en sa faveur.

Il lui reste, en outre, comme solde, des créances financières considérables à recouvrer en titres ou en espèces.

Voilà pourquoi tous les changes internationaux sont presque constamment favorables à la France.

L'Italie, au contraire, qui doit destiner ces ressources fortuites à parfaire le rachat des trois millards de fonds publics et d'obligations nationales, qui circulent encore en Allemagne, en France et en Angleterre, aurait besoin de puiser dans l'excédent de sa balance commerciale les 125 millions par an, dont elle est, tout compte fait, débitrice au dehors pour ses engagements financiers.

Après tous les progrès remarquables qu'elle vient de réalise
l'Italie se trouve encore dans cet état d'infériorité et néar
moins elle a pu supporter pendant plusieurs années les cons
quences fâcheuses d'une fausse situation commerciale.

La France pourra donc endurer l'épreuve beaucoup p'u
longtemps et nous sommes loin, bien loin, du jour où il faudr
crier gare. Est-ce là une raison pour ne pas s'arrêter dès
début sur une mauvaise pente ?

Certes, non !

Avant toutefois que les pouvoirs publics soient appelés
examiner s'il ne faudra pas revenir graduellement à ces prin
cipes de libre-échange qui ont fait pendant trente ans la gloir
et la prospérité de la France, il convient de tirer des nouveau
tarifs tout le profit qu'ils comportent et de les utiliser pou
aboutir aux meilleures conventions possibles avec tout
monde.

Cette ligne de conduite nous paraît correspondre aux senti
ments et aux intérêts du peuple français et à la pensée de
sphères dirigeantes, y compris celle de M. Méline et de se
nombreux amis, qui, en précisant le terrain et les limites de
ententes à intervenir avec les différentes nations, n'ont pa
voulu se renfermer dans un isolement funeste.

Nous constatons avec plaisir, à l'appui de ces idées, le mou
vement d'opinion qui s'est produit en faveur d'une reprise de
relations commerciales avec la Suisse. L'exclusion de l'Italie d
cette entente générale deviendrait ainsi d'autant plus cho
quante et fâcheuse, qu'il n'est pas question d'entamer avec ell
des rapports basés sur des concessions de faveur, mais de ré
tablir tout bonnement des relations normales.

Il s'agit de supprimer un régime d'exception et de défens
que la France maintiendrait seulement à l'égard de l'Italie e
que l'Italie serait conséquemment forcée, à son vif regret, d
maintenir seulement à l'égard de la France. On écartera ains
la cause principale d'un état permanent de contrainte et d
méfiance réciproques, car tout rapport de bon voisinage doi
avoir comme point de départ de bons procédés dans le
transactions courantes et journalières.

Je me suis adressé récemment à mes concitoyens, en signa
lant, sans réticences, toute la série d'erreurs qui ont faill

compromettre les destinées de la Patrie : on ne saurait donc me reprocher un chauvinisme aveugle. Cette circonstance m'autorise à espérer que la franchise et la netteté avec lesquelles j'ai fait ressortir les conclusions de cette étude économique, seront appréciées par nos amis de France, avec un sentiment d'impartialité égal à celui qui m'a inspiré.

IMPRIMERIE ALCAN-LÉVY, 24, RUE CHAUCHAT, PARIS.

166

www.ingramcontent.com/pod-product-compliance
Lightning Source LLC
Chambersburg PA
CBHW050527210326
41520CB00012B/2468